AS RELAÇÕES DE TRABALHO NAS REDUÇÕES JESUÍTICAS COM OS ÍNDIOS GUARANIS, NA PROVÍNCIA DO PARAGUAI

REGINALD FELKER
Advogado. Ex-presidente da Associação Brasileira de Advogados Trabalhistas — ABRAT.

AS RELAÇÕES DE TRABALHO NAS REDUÇÕES JESUÍTICAS COM OS ÍNDIOS GUARANIS, NA PROVÍNCIA DO PARAGUAI

EDITORA
LTR®
SÃO PAULO

Dados Internacionais de Catalogação na Publicação (CIP)
(Câmara Brasileira do Livro, SP, Brasil)

Felker, Reginald
As relações de trabalho nas reduções jesuíticas com os índios Guaranis, na província do Paraguai / Reginald Felker. — São Paulo : LTr, 2009.

Bibliografia
ISBN 978-85-361-1274-9

1. Índios Guarani 2. Jesuitas — Missões 3. Trabalho — História 4. Trabalho e Classe trabalhadores I. Título.

08-11301 CDU-34:331(091)

Índices para catálogo sistemático:

1. Reduções jesuíticas com os índios Guaranis : Relações de trabalho : Direito do trabalho : História 34:331(091)

Produção Gráfica e Editoração Eletrônica: **RLUX**

Capa: **Fábio Giglio**

Imagem da capa: **Ruínas da Igreja de São Miguel Arcanjo — RS — Sítio arqueológico de São Miguel Arcanjo — Município de São Miguel das Missões**

Impressão: **HR Gráfica e Editora**

EDITORA LTDA.

Rua Apa, 165 — CEP 01201-904 — Fone (11) 3826-2788 — Fax (11) 3826-9180
São Paulo, SP — Brasil — www.ltr.com.br

LTr 3693.8 **Fevereiro, 2009**

Homenagens e agradecimentos

Impõe-se que traga uma manifestação de agradecimento, com minhas homenagens a

Amauri Mascaro Nascimento, insigne Mestre, Juslaboralista de Escol, que gentilmente aceitou o convite para efetuar a apresentação deste trabalho.

Rodolfo Ernesto Capón Filas, companheiro de muitas jornadas, pelas reiteradas cobranças que me vinha efetuando para a publicação de um estudo sobre as Missões.

Ivan Vontobel Fonseca, ilustre advogado santo-angelense, pela valiosa colaboração, com o material fotográfico que ilustra este estudo.

Bernadete Lau Kurtz, companheira de todas as horas, pelo incentivo, sugestões e revisão da obra.

SUMÁRIO

APRESENTAÇÃO

Reginald Felker, além de cativante personalidade, volta-se para os estudos do Direito do Trabalho somando experiência com talento, o que fica demonstrado, uma vez mais, em *As Relações de Trabalho nas Reduções Jesuíticas com os Índios Guaranis, na Província do Paraguai,* o que mostra o seu interesse em buscar nas raízes da história a base indispensável para a compreensão do presente.

O tema que pesquisou, com atenta análise, nos leva ao passado, ao Rio Grande do Sul e à Redução de São Miguel que conheci quando estive em Santo Ângelo, a *Capital das Missões,* para uma palestra universitária.

Fiquei impressionado com o que vi. Todo brasileiro deveria ter a mesma oportunidade. Ver a Igreja de São Miguel Arcanjo e ouvir o relato dos fatos que lá se passaram, é uma experiência que me deu uma sensação do maravilhoso.

A igreja é majestosa. Seus imensos muros cor de terra são altos, mais elevados os frontais, mais baixos os demais, todos em perfeita harmonia, como se deles sempre saíssem sons de sinos que ecoam em nossos ouvidos.

É um lugar no qual tive a impressão de estar retornando ao passado, para imaginar como teria sido, inserido numa magia de encantamento evocativo de imagens de jesuítas e de índios guaranis. Foi uma sociedade organizada, de apropriação coletiva dos bens produzidos pelo trabalho em benefício de todos, na qual a atividade dos índios permitiu unir a tradição com o progresso, o que este livro nos permite conhecer.

Daí ter destacado, corretamente, o autor: foi um modo cooperativo de produção e economia de reciprocidade, embora incipiente, já presentes na cultura guarani.

Nosso País é acusado de não ter a memória do passado registrada e avaliada como deveria ter, o que é desautorizado pela obra de *Felker* que tem todos os méritos. Mostra fatos importantes da nossa história, mais especificamente, da história do trabalho organizado em um dos lugares em que ela começou no Brasil.

Amauri Mascaro Nascimento

I

INTRODUÇÃO

Uma das experiências mais singulares e extraordinárias na História da Humanidade, seja sob o ponto de vista econômico, sociológico, histórico, cultural ou religioso, terá sido a redução dos Povos Guaranis, pelos Padres Jesuítas, nos séculos XVII e XVIII, abrangendo parte do território brasileiro, no Rio Grande do Sul, especialmente onde hoje se situa a "Região Missioneira", Estados do Paraná e Mato Grosso do Sul, República Oriental do Uruguai, juntamente com outras Reduções em territórios hoje República Argentina e República do Paraguai.

Uma das dificuldades que o estudioso contemporâneo enfrenta é o desencontro de posições políticas, religiosas e ideológicas sobre esta original experiência social.

Interessante notar que este complexo geográfico veio a constituir o berço do Mercosul.

No correr dos anos, as Reduções Jesuíticas do Paraguai (incluindo-se aqui as localizadas em território sul-rio-grandense) constituíram-se em farto alimento para infindáveis polêmicas, entre panegiristas e detratores, subordinadas a posições religiosas, políticas, filosóficas e sociais divergentes.

O projeto social desenvolvido foi execrado por alguns, que viram nas Reduções um exemplo de teocracia e comunismo opressivos, enquanto louvado por outros, que viam no projeto a afirmação das virtudes de uma volta aos princípios do cristianismo primitivo, capaz de trazer a felicidade ao Homem, independentemente de riquezas materiais.

As posições sob a ótica eclesiástica, inspirada pela Companhia de Jesus, e as anticlerical e mesmo de outras Ordens Religiosas, mantiveram acirrada controvérsia sobre os métodos e resultados das Reduções Guaranis, controvérsia ainda não de todo debelada.

Somente em tempos mais recentes tem despertado um interesse crítico mais imparcial, capaz de tentar buscar as reais dimensões das Reduções Jesuíticas e de todas as circunstâncias que as rodearam no curso de um século e meio de nossa História.

Considerando que não somos católicos, dá-nos a possibilidade de apreciar o tema sem a influência ou inspiração de preconceitos religiosos. Anima-nos, tão-somente, a análise, no caso, da importância significativa das Reduções na História do Trabalho.

Inicialmente deve ser considerado o fato de que o cristianismo concebido pelos Jesuítas, aplicável às condições materiais, antropológicas e psicológicas do guarani, e posto em prática no Projeto Reducional, não era o cristianismo comum e usual da época, praticado por espanhóis e portugueses e, possivelmente, em nenhum outro lugar, com outro grupo humano, teria o êxito que teve, como dificilmente teria êxito, hoje, diante das novas e diferentes condicionantes históricas, sociais, econômicas, políticas e tecnológicas.

O empreendimento jesuítico com os guaranis há de ser considerado naquele determinado momento histórico, com aquelas condicionantes econômicas, políticas, culturais e religiosas, como um projeto dirigido a um determinado grupo humano.

O presente trabalho não pretende trazer nada de novo, tão-somente sistematizar o enfoque sobre as relações do trabalho que se desenvolveram durante o século e meio que marca da instituição, ao apogeu e desmoronamento do sistema reducional, pois o TRABALHO terá sido uma das vigas mestras a sustentar o audacioso projeto.

Muito já se tem escrito sobre as prováveis influências de projetos antigos de Sociedades ideais, os quais teriam servido de inspiração aos Jesuítas, na sua concepção das Reduções Índígenas. A "República", de *Platão*, a "Utopia", de *Tomas Morus*, a "Cidade do Sol", de *Tommaso Campanella*, a "Arcádia", de *Felipe Sidney*, "Telemaque", de *Fenelon* ou a "New Atlantis", de *Bacon*, além de outras obras produzidas pela literatura universal, são trazidas à colação quando se investigam as prováveis fontes inspiradoras das Reduções.

Quanto a *Platão*, o cuidado com a educação das crianças, a organização coletivista da sociedade, as profissões e ofícios, talvez possam ser apontados como uma influência para o Projeto Missioneiro.

De *Tomas Morus*, a idéia de que o trabalho compete à comunidade e a produção por todos realizada a todos pertence, bem como o fortalecimento da família monogâmica, são traços na obra desenvolvida pelos Jesuítas no Paraguai.

De *Campanella*, poderiam advir as idéias de que da terra é que sai toda a riqueza, que o trabalho deve ser atribuído à coletividade, de acordo com o sexo, idade e as condições de saúde, sendo que o fruto de sua produção deve ser comum a todos. Acrescente-se a liberdade para exercer qualquer ofício e educação obrigatória e gratuita generalizadas.

Também outras fontes de inspiração são apontadas, como, por exemplo, a organização social incaica, no que tange ao isolamento das comunidades, à proscrição da ociosidade, e a divisão das terras em três setores, um dedicado ao Sol, outro ao Inca e um terceiro à comunidade, donde poderia ter-se espelhado a instituição do "tupambaé" e do "amambaé".

O que parece certo é que nenhuma dessas obras teria tido maior e direta influência no projeto. A análise das circunstâncias que marcam a formação das Reduções permite concluir que nenhuma das obras precedentes terá exercido, por si só, uma influência decisiva na formatação do projeto Paraguaio, e certamente de todas houve inspiração para um ou outro ponto. Mais plausível que, ao fixarem seu trabalho na Província do Paraguai, se tenham valido fundamentalmente da observação do tipo psicológico do índio Guarani, da intuição e percepção dos padrões culturais dos indígenas aos quais se destinaria o projeto, da férrea vontade de promover um trabalho de evangelização entre os índios, no trato com os europeus e *criollos* habitantes da região, e o aproveitamento de experiência anterior em Joli, no Peru, especialmente considerando que o Padre Diogo de Torres Bollo, diretor de Joli por vinte anos, veio a ser o primeiro Superior Provincial da Província Jesuítica do Paraguai.

A idéia central deste trabalho será o enfoque das relações de trabalho nas Reduções Jesuíticas, entre os índios Guaranis. Dada a originalidade dessas relações, impossível uma abordagem sobre esse tema central, sem uma notícia, ainda que resumida, sobre os antecedentes históricos e a realidade social, política, religiosa e cultural que oportunizou essa notável experiência nos séculos XVII e XVIII, numa vasta região que abrange parte da Argentina, Uruguai, Paraguai e Brasil, bem como das circunstâncias que desencadearam sua degradação e final destruição.

Tratava-se de um projeto social fundado em idéias que se constituíam na antítese do reinante capitalismo individualista, alicerçado sobre a propriedade privada e o acúmulo de riquezas considerado alguns dos objetivos máximos da vida, no qual os indígenas, pela sua cultura, não teriam condições de desenvolver.

Nada de novo trará o presente trabalho, não destinado aos eruditos historiadores e pesquisadores da História Missioneira, mas, tão-somente, uma contribuição aos iniciantes no desvendar da nossa história das relações do trabalho, em solo pátrio.

Ao ser abordada a fixação de uma jornada de trabalho mínima, nossos Mestres do Direito do Trabalho, hoje, em suas respectivas salas de aula, divagam longamente sobre o início da luta por tal direito, em regiões estrangeiras, esquecendo-se de que nos Sete Povos das Missões, no Rio Grande do Sul, por um século e meio, a jornada de trabalho nas Reduções não ultrapassava, normalmente, as 7 horas diárias. Desenvolveram um plano de seguridade social a fazer inveja aos planos de seguridade social no presente, e um plano de formação profissional bem-sucedido, sem dúvida o mais bem-sucedido em terras americanas. Tudo com uma característica inusitada: **não havia circulação de dinheiro.**

Inexistia moeda nas relações de trabalho durante o século e meio em que durou o projeto reducional guaranítico dos Jesuítas nos Trinta Povos.

A limitação da jornada de trabalho, o repouso semanal, a formação profissional, a participação do trabalhador nos resultados da produção são alguns dos aspectos que encontramos já nos Povos Missioneiros, via de regra desconhecidos, ou esquecidos pelos nossos juslaboralistas contemporâneos.

Cumpre esclarecer, *ab initio*, que sobre algumas datas, nomes e localidades há, não raro, divergências nas fontes. Não nos deteremos em controvérsias pontuais, neste sentido, considerando que o presente estudo procura centrar-se no "trabalho" e suas relações, sendo irrelevante o deslinde, se possível fosse, desses pontos controvertidos.

Se é verdade que o objetivo primordial dos Inacianos era a conversão dos indígenas à fé católica, não menos é verdade que seu projeto somente pode ser assegurado com a auto-sustentabilidade dos Povos, alicerçada sobre o TRABALHO.

Como foi organizado o trabalho indígena nas Reduções, as atividades abrangidas pelo trabalho, a retribuição pelo trabalho desenvolvido individualmente, o sustento da comunidade pelo trabalho coletivo, o desenvolvimento de um sistema de trabalho solidário para obtenção de reservas, tanto para manutenção de todos os habitantes de cada Redução como para obtenção de recursos com os excedentes, a planificação da economia e sua centralização, o esforço para dotar a Comunidade com um plano de formação profissional e, finalmente, a concretização de um sistema, que hoje chamaríamos de seguridade social, garantindo uma vida digna para os enfermos, idosos e mulheres necessitadas, são, todos, aspectos assaz interessantes, capazes de despertar o interesse do juslaboralista moderno.

II

ANTECEDENTES HISTÓRICOS

Inicialmente vamos estabelecer um índice cronológico, a fim de nos situar no tempo, em função dos acontecimentos que culminaram com a História dos Trinta Povos.

1493 — O Papa Alexandre VI promulga a *Bula Inter Cetera* outorgando as terras a descobrir à Espanha.

1493 — Cristóvão Colombo descobre a América, e toma posse em nome da Espanha.

1494 — É firmado o Tratado de Tordesilhas, dividindo as terras descobertas e por descobrir, entre Espanha e Portugal.

1500 — Pedro Álvares Cabral chega ao Brasil e toma posse em nome de Portugal.

1515 — O Frei Franciscano Las Casas inicia um trabalho com os indígenas na Venezuela.

1534 — Ignácio de Loyola funda a Ordem de Jesus.

1536 — Pedro de Mendonza funda Buenos Aires.

1537 — Frei Las Casas inicia um trabalho de catequese com índios na Guatemala.

— Juan de Salazar funda Nossa Senhora da Assunção.

1539 — Os Jesuítas chegam à Espanha.

1540 — A Ordem dos Jesuítas é reconhecida pelo Vaticano.

— Os Jesuítas chegam a Portugal.

1541 — Partem de Buenos Aires os habitantes remanescentes, dirigindo-se para Assunção.

1549 — Os Jesuítas chegam ao Brasil, com o P. Manoel da Nóbrega.

— Chegam as primeiras ovelhas e cabras à Região do Rio da Prata.

— Domingo Irala, Governador de Assunção, estabelece o sistema das "Encomiendas" e inicia a exploração do Guairá.

1553 — Chega ao Brasil o Padre José de Anchieta.

— É instalada a Província Jesuítica do Brasil.

1555 — Chegam ao território do Paraguai as primeiras vacas.

1556 — São promulgadas as Ordenanças de Irala.

— Os Jesuítas chegam ao Peru.

1575 — Chega a Assunção Frei Bolaños, Franciscano, que inicia meritório trabalho junto aos indígenas.

1580 — Juan de Garay refunda Buenos Aires.

— Unem-se as Coroas de Portugal e Espanha (até 1640).

1582 — 3º Concílio Limense, no qual o Bispo de Tucumã solicita aos Superiores Jesuítas brasileiros e peruanos o envio de Padres Jesuítas.

1585 — Jesuítas vindos do Peru chegam ao Rio da Prata.

1587 — Chegam a Santiago del Estero os Jesuítas enviados do Brasil.

1592 — Inicia Hernandarias seu primeiro, dos quatro períodos na Governadoria de Assunção.

1607 — É criada a Província Jesuítica do Paraguai.

1608 — Chegada do primeiro Provincial, Padre Diego de Torres.

1610 — Inicia-se a organização de Reduções, pelos Jesuítas, com a fundação da Redução de S. Ignácio del Paraná, também denominada S. Ignácio Guazú.

— Sucessivamente foram fundadas novas Reduções até 1706, quando foi fundada a Redução de Santo Ângelo, em território hoje Brasil.

1611 — Alfaro, Ouvidor da Audiência de Charcas (Sucre) —, promulga suas Ordenanças, proibindo a escravização e venda de indígenas.

1617 — É desmembrada a Governadoria de Buenos Aires (Rio da Prata) da de Assunção.

1630 — O êxodo dos indígenas do Guairá, para as regiões do Tape e Mesopotâmia Paraguaia.

1641 — A Batalha de Mbororé, com a derrota dos Bandeirantes.

1750 — Tratado de Madri, determinando a expulsão dos Sete Povos Rio-Grandenses.

1753-1756 — Guerras Guaraníticas.

1759 — Os Jesuítas são expulsos de Portugal.

1761 — Tratado de El Pardo — revogando o Tratado de Madri.

1767 — Os Jesuítas são expulsos da Espanha e da Região Missioneira.

1801 — Os portugueses reassumem sua jurisdição sobre o território das Missões, no Rio Grande do Sul.

==============

Podemos tomar como ponto de partida das considerações históricas sobre o desenvolvimento das Reduções Jesuíticas, que vieram a constituir a denominada por alguns como "República Guarani", dois fatos históricos relevantes: o primeiro foi a partilha do globo terrestre entre as Coroas de Espanha e Portugal, quando da Era dos descobrimentos; o segundo, a fundação da Ordem dos Jesuítas por Ignácio de Loyola.

Os Papas tinham grande ascendência sobre os monarcas do mundo cristão da época.

Procurando solucionar as divergências decorrentes da corrida às descobertas de um Mundo Novo, entre Espanha e Portugal, o Papa Alexandre VI, em 4 de maio de 1493, promulgou a BULA INTER CETERA. Nesta Bula, o Papa fazia concessão absoluta aos Reis de Castela e de Leão:

> ". . . sob pena de excomunhão *latae sententiae*" "para as pessoas de qualquer dignidade mesmo Real ou Imperial" que perturbarem seus domínios de "todas as ilhas e terras firmes achadas ou por achar, descobertas ou por descobrir, para o ocidente e meio dia de uma linha desde o Polo Ártico ou Setentrião, até o Pólo Antártico ou Meio Dia", "quer sejam terras firmes e ilhas encontradas e por encontrar em direção à Índia ou em direção a qualquer outra parte", "qual linha diste de qualquer das ilhas que vulgarmente são chamadas de Açores e Cabo Verde, cem léguas para o Ocidente e Meio Dia."

Estas disposições da Bula praticamente excluíam Portugal das novas terras descobertas ou a descobrir, além de serem imprecisas e vagas no que dizia respeito à fixação do meridiano divisório.

Depois de *démarches* diplomáticas de Portugal, finalmente na Vila de Tordesilhas, em 5 de junho de 1494, era firmado o *Tratado de Tordesilhas*, em que se estabeleceu que as terras descobertas ou por descobrir a 370 (trezentas e setenta) léguas, com contagem iniciada nas ilhas de Cabo Verde, a oeste seriam de Castela e a leste seriam de Portugal.

Consta que Francisco I, tomando conhecimento da partilha, teria exclamado: "Quero conhecer a cláusula do testamento de Adão que legou metade do mundo a meu primo, o rei de Castela, e a outra metade a meu primo, o rei de Portugal, e me excluiu da sucessão."

A linha de Tordesilhas atingia o território que viria a ser o Brasil, ao norte, à altura do delta amazônico e, ao sul, em Laguna, Santa Catarina.

Na prática, a fixação exata dessa linha não ocorrera, assim, portugueses e espanhóis, apresentavam, de acordo com seus interesses, mapas diferentes, procurando estender seus domínios.

Em função desta demarcação e dessas incertezas, vieram a ocorrer futuros e sucessivos conflitos, na região sul, especialmente envolvendo a Província Cisplatina-Colônia do Sacramento (hoje Uruguai) e a região das Missões (hoje Estado do Rio Grande do Sul) onde se assentavam as Reduções Jesuíticas.

Necessário registrar, também, que a Igreja Católica fazia parte do Estado Espanhol, totalmente subordinada ao Rei, pelo Padroado (ou Patronato) Real.

> "Mandamos que não se erija, institua, funde nem constitua igreja catedral nem paroquial, monastério, hospital, igreja votiva, nem outro lugar pio ou religioso, sem licença expressa nossa ...". (Ley de las Indias – Livro I, Título VI)

Ao Rei cabia não só autorizar a construção de uma igreja, como prover a designação de toda a hierarquia eclesiástica para a América.

A vantagem deste sistema decorria do aporte de recursos, pela Coroa, ao trabalho da Igreja na Evangelização dos índios, que era um dos objetivos das Coroas Ibéricas. O aspecto negativo era a subordinação que se estabelecia entre a Igreja e o Poder Real.

Ignácio de Loyola foi um nobre espanhol, ingressou na carreira das armas e foi ferido na Batalha de Pamplona, sitiada pelos franceses em 1521. Durante a convalescença, decidiu abraçar a vida religiosa. Por alguns anos, freqüentou Universidades européias. Em 1534, na Capela de Montmartre, em Paris, ele e mais seis companheiros fizeram votos de pobreza, castidade, obediência e dedicação integral à religião católica e defesa do Papado, do qual se tornariam o braço direito. Formava-se a Companhia de Jesus, reconhecida como ordem religiosa em setembro de 1540, pelo Papa Paulo II. Quinze anos depois, a Ordem já contava com um milhar de membros.

Loyola tornou-se uma das principais figuras da Contra-Reforma.

Destinava-se a Ordem Jesuítica, desde o início, a servir como força de defesa do catolicismo, perante a Reforma Protestante.

As "Constituições da Companhia de Jesus" e os "Exercícios Espirituais" foram a duas obras de Loyola a guiar as ações dos Jesuítas.

A grande obra dos Jesuítas foi dirigida à educação e ensino, fundando colégios e promovendo a formação cultural das novas gerações, além da tarefa de evangelização dos gentios.

Nos seus trabalhos voltados para a educação, os Jesuítas sempre contaram com excelentes mestres e, elevando o nível da educação no mundo católico, estimularam o mundo protestante a competir no mesmo setor.

Na América, então recém-descoberta, a atuação da Ordem também se dirigiu à instalação de colégios e ao trabalho junto aos indígenas.

Em carta enviada por Loyola para o Padre Rivadaneira, fazia-se referência ao Brasil e Paraguai, e à possibilidade de o Padre Nóbrega estabelecer um Colégio em Assunção.

O sucesso da Ordem deveu-se a diversos fatores, entre eles a seleção de seus integrantes, provindos, geralmente, de setores culturalmente mais bem preparados, e de competentes técnicos em artes e ofícios diversos, além de ser ela dotada de um rígido sistema de divisão de poderes e mútuo controle. Por outro lado, o fato de virem Missionários Jesuítas de diversos pontos da Europa, França, Itália, Alemanha, Bélgica, entre outras procedências, significava a vinda de idéias novas, novas técnicas de trabalho, procedimentos peculiares trazidos de suas nações de origem, que se amalgamavam num projeto social único.

Decorrente do Padroado, a indicação dos sacerdotes para virem às novas terras, para o trabalho junto aos colonizadores e indígenas, foi deferida pela Corte Espanhola ao clero secular. Desde o início, as designações do clero secular para a América não foram muito felizes, pois os padres designados, via de regra, eram ignorantes e insuficientes, além de corruptos e sem maiores critérios éticos. Nas colônias portuguesas não foi diferente o cenário.

Do relato de um Jesuíta anônimo, em informe colhido da coleção De Angelis, encontramos a seguinte consideração sobre a receptividade dos índios, no Guairá, quando da chegada de Sacerdotes Jesuítas:

"... E acudiam a ouvir a palavra de Deus com muito amor ... E depois, estavam muito tempo sem quem lhes ensinasse, volviam a seus costumes antigos. E alguns sacerdotes seculares que tiveram, valeria mais que não os tivessem tido, porque lhes davam malíssimo exemplo, vivendo continuamente amancebados e de alguns se diz se emborrachavam a miúdo, com outras coisas indignas de homens quanto mais de sacerdotes. E isto era tão público que não se tratava de outra coisa em toda a província."

A situação no Brasil não era muito diferente. Em carta, o Padre Manuel da Nóbrega escreveu:

"Cá há clérigos, mas é a escória que de lá vem ... Não se devia consentir embarcar sacerdotes sem ser sua vida muito aprovada, pois estes destroem quanto se edifica."

Em outra missiva a Tomé de Souza, queixava-se:

"O bispo, posto que era muito zelador da salvação dos cristãos, fez pouco porque era só, e trouxe consigo uns clérigos por companheiros que acabaram, com seu mau exemplo e mal usarem e dispensarem os sacramentos da igreja, de dar com tudo em perdição ... Introduziram na terra estarem clérigos e dignidades amancebados com suas escravas, que para esse efeito escolhiam as melhores e de mais preço ... Melhor nos fora que não vieram cá."

Situações como esta, no Rio da Prata, levaram a ser formulados pedidos para a vinda de Ordens Religiosas para o trabalho de catequese dos indígenas.

O Governador do Paraguai, Hernando Árias Saavedra, conhecido como Hernandarias, percebeu que pelas armas os espanhóis não conseguiriam a pretendida cristianização dos indígenas. Solicitou, então, e obteve do rei a aprovação de um pedido para que os Jesuítas viessem trabalhar na região.

O *criollo* Hernandarias foi Governador do Rio da Prata nos períodos de 1592-1593, 1597-1599, 1602-1609 e 1615 a 1621.

Antes da vinda dos Jesuítas à América do Sul, já aqui exerceram atividades religiosas padres seculares e grupos dominicanos, franciscanos, agostinianos e mercedários.

Muito importante foi a atuação do governador Hernandarias, que estimulou a fixação dos Jesuítas na região, visando, por um lado à cristianização dos indígenas, que era um projeto da própria Coroa Espanhola, por outro lado, com as Reduções dos índios, a estabelecer um anteparo para o avanço dos portugueses e mamelucos sobre os territórios espanhóis.

Em 1549 vinham os primeiros Jesuítas ao Brasil e ao Peru em 1556.

Buenos Aires fora inicialmente fundada em 1536 por Pedro de Mendonza. Diante dos constantes ataques de indígenas belicosos, que não toleravam a presença de brancos na região, a população foi-se afastando, até que os últimos remanescentes, em 1541, rumaram para o norte, fixando-se em Assunção. Buenos Aires foi, posteriormente, refundada em 1580, por Juan de Garay.

Assunção teve suas origens em 1537, com a fundação de uma fortificação que recebeu o nome de Nossa Senhora da Assunção. O povoamento, propriamente dito, iniciou-se após 1541. A fundação é atribuída a Juan de Salazar e Juan de Ayolas, oito anos após a chegada dos primeiros espanhóis à região.

Quando se coteja a primitiva exploração européia na América do Norte, em confronto com a atuação dos europeus na América do Sul, é indicado como um dos diferenciais o fato de que a América do Norte foi colonizada por famílias austeras, com princípios morais mais rígidos, com uma moral individual e familiar sedimentada em princípios cristãos, enquanto na América do Sul a colonização contou com toda sorte de aventureiros, mercenários, deportados e comerciantes ávidos por obterem riquezas a qualquer preço.

Um retrato dessa situação nos vem do relato de um Jesuíta, contido também na coleção De Angelis, sobre a chegada dos primeiros exploradores espanhóis na região de Assunção, antes da fundação oficial:

> "A fundação desta cidade (Assunção) foi mais por via do cunhadio do que da conquista porque navegando os espanhóis pelo rio paraguai acima, que é muito caudaloso, os índios que povoavam esse lugar lhes perguntaram quem eram, de onde vinham, aonde iam e o que buscavam: Dizendo-se, responderam os índios que não passassem adiante porque lhes parecia boa gente; e assim lhes dariam sua filhas e seriam parentes. Pareceu bom esse recado aos espanhóis. E quedaram-se por aqui. Receberam as filhas dos índios e cada espanhol teve boa quantidade, donde se seguiu que em breve tempo tiveram tal quantidade de filhos mestiços que poderiam , com pouca ajuda de gente de fora, povoar todas as cidades que agora tem ...
>
> [...] Chamaram-se logo os índios e espanhóis de cunhados e como tinham cada espanhol muitas mancebas, toda a parentela acorreu a servir a seu cunhado honrando-se com o novo parente. Vendo-se os espanhóis abundantes em comida da terra e com tantas mancebas não aspiraram a mais nada, contentando-se com um pouco de tecido de algodão tingido de preto para sua vestimenta; e como estavam no paraíso de Maomé governavam a seu modo, e assim, seu governo mais era despótico e tirânico que político e cristão, prendendo-se e matando-se uns aos outros e quase até agora dura este governo despótico porque qualquer coisa que seja de justiça coisa alheia tomam-na sem tratar de pagar , dizendo apenas que isso convém ao serviço de sua majestade ..."

Com a queda de Buenos Aires, após sua primeira fundação, Assunção tornou-se o centro irradiador da cultura hispânica em toda a região do Prata.

Nestes dois importantes centros coloniais espanhóis na América recém-descoberta, desenrolaram-se os acontecimentos políticos, militares, econômicos e religiosos que marcaram a presença da Companhia de Jesus na Região.

Em 1607 (3 de novembro) era criada a Província Jesuítica do Paraguai, entregue à direção do P. Diego de Torres.

Por Paraguai se designava uma imensa região, abrangendo cerca de 700.000 km^2, compreendendo uma extensão territorial muito mais ampla do que o País hoje assim designado, atingindo parte do Brasil (Mato Grosso do Sul, Paraná, Santa Catarina e Rio Grande do Sul), parte da Argentina (Províncias de Buenos Aires, Tucumã, Corrientes), estendendo-se até o Uruguai.

Terá permanecido a designação genérica de Paraguai para a região em função de terem-se instalado em Assunção os primeiros missionários jesuítas.

E ali se instalou a primeira Governadoria espanhola no território do Rio da Prata, desde a fundação da cidade, vindo posteriormente a ser criada a Governadoria de Buenos Aires, em 1617. Mesmo depois do desmembramento do Poder Civil, permaneceu uma única jurisdição eclesiástica dos Jesuítas, com sede em Assunção.

Mesmo as Reduções que ficaram sob a jurisdição do Poder Civil de Buenos Aires permaneceram sob a designação genérica de "paraguaias".

Os freis Franciscanos, a partir dos fins do século XVI, já haviam empreendido uma série de reduções em território paraguaio.

Chegando a Assunção em 1575, Frei Bolaños, Franciscano, iniciou um trabalho junto aos indígenas que é reconhecido pelo seu esforço e zelo missionário.

Não tiveram os Franciscanos, todavia, o mesmo êxito no trabalho de evangelização dos gentios que o alcançado pelos Jesuítas. Uma análise do trabalho dos Franciscanos tem indicado que sua atuação demonstrou uma idéia de cristianização mais platônica, sem ir fundo no estudo e adaptação da sua ação em função do tipo humano para o qual se pretendia essa ação. Em segundo lugar, tanto os Franciscanos, como clérigos de outras ordens que atuaram nessa fase inicial, ficaram por demais ligados aos espanhóis, despertando natural desconfiança entre os indígenas sobre seus reais propósitos, porquanto os espanhóis procuravam explorar ao máximo o trabalho indígena. Os Jesuítas, ao contrário, procuraram manter-se distantes dos espanhóis e *criollos* (os descendentes de europeus já nascidos em território americano), fazendo questão de isolar as Reduções de qualquer contato externo.

Os Padres Jesuítas estavam sob dupla subordinação. Uma religiosa, diante do Provincial, ligados por voto de obediência, e outra perante o Governo Civil, o governador representante da Coroa nas terras descobertas no continente sul-americano.

A Ley de las Indias (Livro I, Título XIV) fez questão de advertir:

> "Que los religiosos no se entrometan en materias de gobierno porque conviene que los religiosos no se embaracen en materias apenas de su estado y profesión. Encargamos a los prelados de las indias, que no se entrometan en las materias de el gobierno, ni lo permitan a los religiosos y dejen a los gobernadores proveer lo que les pareciere conveniente, porque de lo contrario nos tendremos por deservido."

Especialmente partindo de inimigos dos Jesuítas, foi sustentada a tese de que os Padres haviam estabelecido, ou tentavam estabelecer, um Estado Teocrático, por outros denominado República Guarani ou Império Jesuítico, como país independente da Coroa Espanhola, e este teria sido um dos pretextos para fundamentar sua expulsão a final. A afirmação se afigura improcedente, pois as Reduções, em que pese se constituírem em unidades autônomas no plano da administração interna, sempre mantiveram sua estreita subordinação ao Poder Civil Espanhol, inclusive na esfera tributária.

A Ley de las Indias sempre foi a legislação obedecida, além de cerca de 30 (trinta) Cédulas Reais dispondo sobre matéria das Reduções, entre 1610 e 1767.

A jurisdição dos Governadores consistia especialmente na autorização para a fundação de uma redução, tinham o direito de visitar as reduções, solicitar auxílio militar em casos de perigo, valer-se de trabalho indígena para obras públicas e aprovar as eleições dos corregedores.

Com o aldeamento dos guaranis em Reduções relativamente independentes e auto-suficientes, inspirados por uma religião que rompia definitivamente com os feiticeiros, os padres criavam um espaço novo, não só territorial, mas, especialmente, cultural.

A crítica que se faz ao último aspecto, o cultural, no sentido de que as Reduções teriam descaracterizado a cultura guarani, deverá ser equacionada diante das circunstâncias históricas do momento, em que a Redução se apresentava como medida extrema, ao índio, de sobrevivência, ameaçado pela servidão nas *encomiendas* dos espanhóis, por um lado, e o extermínio ou a escravidão pelos bandeirantes mamelucos, pelo outro.

Muito importante para o desenvolvimento dos Povos Missioneiros, especialmente no Guairá, foi a atuação do governador Hernandarias, que estimulou a fixação dos Jesuítas, como foi referido, visando com as Reduções dos indígenas a estabelecer um anteparo para o avanço dos portugueses sobre o território espanhol.

É importante também que se tenha consciência da importância de um projeto de organização social e econômica, com duração de um século e meio, em que um relativamente pequeno número de padres conseguiram impor, a milhares de índios, uma organização totalmente diferenciada da barbárie em que viviam, inspirados numa fé religiosa.

Afigura-se inconsistente, também, a acusação de que os Jesuítas mantinham os indígenas em estado de escravidão, para explorá-los em benefício próprio. Inconcebível que dois ou três padres, em cada Redução, pudessem manter como escravos seis ou sete mil índios, e às vezes até em número maior, por um século e meio, considerando, ao mais, o espírito de liberdade que animava os guaranis, como herança ancestral, e as características belicosas de que eram dotados quando se empenhavam em operações guerreiras.

A denominação de Sociedade Comunista, que apareceu em algumas obras destinadas a estudar as Missões, espantou muitos de nossos contemporâneos, com temor de que se apontasse um sistema comunista aprovado pela experiência do passado, com as tentativas comunistas a partir do século XX. Parece mesmo que setores da Igreja não manifestaram muito empenho em divulgar a obra Missioneira, receosos da exploração que poderiam fazer pela provável aproximação com as pregações marxistas.

Na realidade o projeto desenvolvido nos Povos das Missões poderia ser, antes, enquadrado como coletivista, cooperativo. A propriedade privada não foi abolida, e se pouca expressão teve entre as Reduções, isso se deve especialmente ao profundo desprezo que os índios devotavam aos bens materiais e à inexistência de preocupações com o futuro.

Para quem não tem medo das palavras, talvez a expressão "socialismo cristão" possa traduzir melhor a experiência reducional paraguaia.

Lugon observa:

> "... A República Guarani viverá por muito tempo ainda, interpelando cristãos e comunistas, muito cristã para os comunistas da época burguesa, muito comunista para os cristãos burgueses."

III

A CHEGADA DOS JESUÍTAS ÀS TERRAS AMERICANAS. AS *ENCOMIENDAS*

As Coroas Ibéricas tinham como objetivo ocupar os espaços vazios das terras recém-descobertas. Os Jesuítas, por sua vez, tomaram a peito a missão de converter os gentios, nesses territórios. Daí a conjugação de ações entre uns e outros.

Chegaram os Jesuítas ao Brasil em 1549, com Manoel da Nóbrega; José de Anchieta chegaria em 1553, e com a abertura de um Colégio, fundaria a cidade de São Paulo.

O Padre Nóbrega estava a ponto de partir para o trabalho de Evangelização do Paraguai, sendo obstado por Tomé de Souza.

Ao Peru aportaram em 1556, fundando no ano seguinte a Redução de Joli.

Em 1582-83, realizou-se o 3º Concílio Limense, em Lima, do qual participou o Bispo de Tucumán, o português, Frei Francisco Victória, Franciscano (que mantinha negócios de comércio com o Brasil — Precursor do Mercosul), ocasião em que solicitou aos Superiores Jesuítas do Peru e do Brasil a vinda de padres jesuítas para o seu bispado. Em atendimento ao seu pedido, o Provincial peruano enviou os Padres Francisco Angulo e Alonso Barzana, em 1585.

Do Brasil, José de Anchieta enviou os padres portugueses, Estevão Grão e Manoel Ortega, o italiano, Leonardo Armini, o espanhol, Juan Saloni e o irlandês, Tomás Fields, que chegaram após acidentada viagem, na qual foram atacados por piratas. Em novembro de 1587, os Jesuítas enviados do Brasil estavam em Santiago del Estero.

Destes, os Padres Armini e Grão retornaram ao Brasil. Os outros três foram encaminhados a Assunção onde abriram um colégio. Ortega e Fields foram enviados ao Guairá, para iniciarem o trabalho de evangelização; Saloni permaneceu em Assunção. Os Padres Ortega e Fields saíram a percorrer imensas regiões, praticamente desabitadas, enfrentando toda sorte de dificuldades, em busca de contato com os indígenas para lançar as sementes às futuras Reduções.

Em 1607, era criada a Província Jesuítica do Paraguai, sendo seu primeiro provincial o P. Diego de Torres. Esta Província abrangia todo território onde se desenvolveram as futuras Reduções dos índios guaranis.

A base da colonização espanhola na América foi o sistema de "repartimientos", ou seja, a repartição das terras entre os colonos, com o compromisso de explorá-las. Este sistema estava conjugado às *encomiendas* pelos espanhóis que então se haviam estabelecido na região.

Por este sistema, os espanhóis tinham o direito ao serviço pessoal dos indígenas. Transformada em prestação indefinida, a *encomienda* tornou-se uma verdadeira servidão.

Se os índios fossem conquistados pelas armas, nas guerras entre indígenas e espanhóis, seriam denominados de "ianaconas", e estes submetidos à servidão total, por toda vida. Já os que se submetiam pacificamente, seriam os "mitaios", os quais deveriam trabalhar dois meses por ano para o encomendeiro, como espécie de tributação, por meio da prestação de serviço pessoal. Na prática, porém, esse período era estendido e não raro abrangia a maior parte do ano, sendo submetidos às piores condições de trabalho.

Em que pese terem os órgãos do governo central espanhol tentado regulamentar o sistema e de alguma forma amenizar o gravame, controlando a atuação dos encomendeiros, em face dessa brutal exploração dos indígenas, os resultados práticos foram mínimos.

Nesse sentido, cabe referir: as Ordenanças do Governador Domingo Irala, em 1556, de Juan Velazques, em 1597, de Hernandarias em 1598 e 1603 (nesta procurava limitar a prestação de serviços indígenas somente aos índios entre 15 e 60 anos de idade e a requisição de, no máximo, 1/3 dos encomendados — veja-se que pretendia instituir a jubilação dos índios aos 60 anos) e, finalmente, em 1611, as Ordenações de Francisco Alfaro, Ouvidor da Audiência de Charcas (Sucre), publicadas em Assunção. Constavam estas últimas de 86 determinações, entre elas as proibições da escravidão de indígenas e o pagamento aos indígenas pelo serviço pessoal ao encomendeiro.

O fato é que os espanhóis aqui residentes, longe da metrópole, adotavam uma atitude que tornou praxe entre os espanhóis colonizadores, conhecida pela expressão: *Obedezco pero non cumplo.*

As disposições legais e as determinações da Coroa, pelo distanciamento, eram sistematicamente desprezadas. A ambição gerava a insolência impune. De sorte que as *encomiendas* persistiram como um gravíssimo ônus aos indígenas.

Representavam as *encomiendas* um sucessivo da servidão feudal. Era confiada a terra a alguém e os que estavam sobre a terra lhe eram confiados também. Seria um tipo de feudalismo, em que o senhor da terra era, também, senhor de tudo o que estava sobre ela, inclusive dos índios que habitavam a gleba.

Ainda que a *encomienda* fosse conferida por duas ou três gerações, posteriormente até quatro, a tendência era a sua conservação indefinidamente.

Em 1610 seriam 250 *encomiendas*, nas quais serviam 22.000 índios na categoria de ianaconas.

Alguns encomendeiros chegavam a alugar e mesmo vender índios de seu *repartimiento*.

O povoamento da região ainda era muito ralo. Dados de 1618 atestam que em Santiago del Estero viviam 400 "vizinhos", em La Rioja, 250, em Córdoba, 500, em Assunção, 650, em Santa Fé, 150 e em Buenos Aires, 200, o que totalizava cerca de 8.600 habitantes, considerando-se a média de 4 pessoas por família.

Antes dos Jesuítas, já os Franciscanos haviam iniciado um trabalho junto aos índios, na região, fundando reduções, no afã de evangelizá-los. Tiveram menos êxito, especialmente porque tentaram contemporizar com os espanhóis o sistema das *encomiendas*, sem adotar uma posição firme para combatê-las, ao contrário, entendendo que, para a difusão do cristianismo, era indispensável a utilização da mão-de-obra indígena nas minas e na agricultura. Controvérsia se estabeleceu, desde logo, com os dominicanos que se mostraram contrários às *encomiendas*.

O Frei Dominicano Antonio Montesinos foi a primeira voz que se levantou em solo americano, em defesa dos índios.

A grande figura, porém, que surge na defesa dos indígenas foi o Frei Bartolomeu de las Casas, denominado o "Protetor dos índios".

A tese então defendida foi a de que, para o trabalhos nas minas e na terra, deveriam ser importados negros escravos.

Chegou Las Casas a iniciar um trabalho de aldeamento isolado, com indígenas, na Venezuela, entre 1515 e 1522 e na Guatemala em 1537, empreendimentos que não tiveram êxito, entre outras razões, em face dos ataques de grupos indígenas que viam no elemento branco a figura da crueldade, da maldade e da barbárie, manifestada pelos descobridores.

Os Jesuítas, desde logo, mostraram-se intransigentes na defesa dos índios, contra os encomendeiros. Isso resultou em constantes atritos entre Jesuítas e espanhóis, e fruto de uma constante indisposição do elemento europeu, contra os Padres de Loyola, pois a ação deste privava os espanhóis e *criollos* da mão-de-obra nativa.

Inicialmente os Jesuítas desenvolveram atividades de evangelização por meio das Missões, em trabalho ambulante entre aldeamentos indígenas. Deram-se conta de que esse método não apresentava os resultados desejados, partindo, então, para o sistema das Reduções.

Como foi referido, em 1611, Francisco Alfaro, Ouvidor da Audência de Charcas (Sucre), publicou em Assunção suas Ordenanças, com 86 determinações, entre elas a proibição de escravidão de indígenas e o pagamento aos indígenas de serviço pessoal ao encomendeiro. O acatamento destas Ordenações foi mínimo.

Também os costumes dos espanhóis colonizadores e primeiras gerações de descendentes, em matéria de sexo, laços familiares e nível moral de sua vida privada, deixavam muito a desejar, causando dificuldades aos Jesuítas em absorver a liberalidade de costumes então vigentes. Do relato de um Jesuíta, colhemos o seguinte depoimento:

> "Os cristãos têm vício de mulheres: o que tem oito, é porque não pode ter dezesseis e o que é muito pobre possui três ou cinco e a maior parte possui vinte, trinta e quarenta. E não pensam V. S. Ilustríssima que assim superficial e secretamente se pratica o vício entre eles, que do maior ao menor, o que mais desejam, é fazê-lo em suas casas e anunciar nas ruas e praças."

O êxito do sistema reducional jesuítico deve ser creditado a uma série de fatores:

1º) as qualidades pessoais dos padres missioneiros não somente imbuídos de um férreo ideal de evangelização, dentro da sua concepção e dos valores da época, como também pelo fato de a grande maioria ser constituída de pessoas de sólida formação em ciências, artes e ofícios diversos;

2º) desde logo trataram de aprender o idioma guarani, possibilitando seu contato pessoal com os indígenas na sua língua natural;

3º) dedicaram-se à defesa dos índios diante dos encomendeiros espanhóis e dos escravagistas paulistas, fazendo-se credores da confiança dos mesmos;

4º) mantiveram uma relação de distinção e convivência com os caciques, mantendo a ascendência destes sobre seus respectivos grupos. Os contatos iniciais com os indígenas, via de regra, eram feitos pelos caciques. Convencidos estes da excelência da nova religião, do novo sistema de vida que assegurava uma existência com um mínimo de dignidade e segurança, vinha com eles seu clã;

5º) conscientizaram-se do desamor dos guaranis pelo trabalho individual, estimulando o trabalho coletivo, ao qual estavam mais afeitos;

6º) cientificando-se do talento dos guaranis para a música e o canto, foram os índios estimulados a usá-los nos mais diversos setores de atividade, inclusive para o trabalho e o cumprimento das diversas tarefas do dia-a-dia;

7º) sabendo dos malefícios decorrentes do contato entre europeus e indígenas, dado o desnível cultural entre os dois grupos, estabeleceram desde o início a proibição de entrada de pessoas estranhas à Redução, salvo algumas exceções preestabelecidas. Regra que foi introduzida na própria Ley de las Indias.

8º) conscientes de que o êxito do empreendimento dependeria de condições para subsistência perene, trataram de desenvolver a produção agrícola e obtenção de carne;

9º) diante do vício das bebedeiras dos índios, trataram de provê-los com erva-mate, não deixando de fornecer-lhes a ração diária;

10º) o empenho no desenvolvimento do ensino às crianças. Grande parte dos índios reduzidos, ao fim do período das Reduções, já era habitante de terceira ou até quarta geração de reduzidos, acostumados, desde tenra idade, com a disciplina imposta nas povoações;

11º) desenvolveram um sistema de seguridade social, garantindo a sobrevivência digna para a velhice, enfermos e pessoas necessitadas;

12º) por fim, há de ter contribuído à estrutura interna da Ordem, impondo uma rígida disciplina, em busca das metas programadas, com estrito cumprimento do voto de obediência.

Vê-se que o projeto de evangelização dos Jesuítas, por meio da Redução, à margem do elemento europeu e *criollo*, auto-sustentável, numa estrutura de trabalho coletivista, colidia frontalmente com o sistema de exploração econômica até então existente no território americano, a partir das descobertas.

Muito já se tem discutido sobre as finalidades políticas que teriam animado os jesuítas, em seu trabalho com os indígenas, o qual teria sido usado em cumprimento de uma missão da Coroa Espanhola, no seu projeto de fixação de populações e defesa dos seus territórios.

Uma análise mais imparcial sobre a ação dos Jesuítas, no episódio das Reduções, permite concluir que antes de usarem os indígenas em favor dos objetivos da Coroa Espanhola, usaram a Coroa Espanhola para atingir seus objetivos junto aos indígenas.

O padre, responsável pela Redução, no plano religioso, era auxiliado pelo companheiro ou coadjutor, juntamente com irmãos. Estava subordinado diretamente ao Superior Geral, este, ao Provincial, este, ao Padre Geral da Ordem, por sua vez, subordinado diretamente ao Papa. De sorte que os Padres Jesuítas não estavam subordinados aos bispos de Assunção, Buenos Aires ou Charcas, em matéria eclesiástica, donde surgiram alguns atritos no curso da História. No plano administrativo-civil o padre estava subordinado ao Governador, este, ao Vice-Rei e este, diretamente ao Rei.

Entre 1610 e 1767, período que abrange a História dos Trinta Povos, atuaram na província do Paraguai cerca de um mil Jesuítas. Para o trabalho com os indígenas, era preciso estar o padre dotado de algumas qualidades imprescindíveis para levar a bom termo sua missão. Estruturar sua vida longe da "civilização", munir-se de uma dose de paciência, compreender a psicologia do guarani, estar disposto a um trabalho constante, suportar as pressões externas de mamelucos e encomendeiros, estavam entre os fatores que levaram alguns Missionários a desistir do trabalho direto com os indígenas, sendo designados ao trabalho nos Colégios que a Ordem então já mantinha na regiões do Paraguai e Rio da Prata.

IV

OS GUARANIS

Algumas considerações necessitam ser estabelecidas sobre o material humano com que lidaram os Jesuítas no seu projeto de Reduções.

A massa humana que formava as povoações, normalmente entre 3.000 e 7.000 indígenas em cada povo, era composta por índios Guaranis. Do seu trabalho, sob orientação e direção dos padres, é que se desenvolveu cada uma das Trinta Reduções das quais tratamos.

Parece correta a versão de que os guaranis provieram da região Amazônica, e integravam a grande família tupi-guarani.

Enquanto os primeiros vieram a ocupar a parte central do Brasil, os guaranis estabeleceram-se ao sul, na região dos atuais estados de Paraná, Santa Catarina e Rio Grande do Sul, bem como no nordeste da Argentina e na zona oriental do Paraguai, seguindo o curso dos grandes rios.

Conta a lenda que, à costa do Brasil, chegaram pelo mar habitantes de longínquas terras. Depois de algum tempo, dois irmãos, Tupi e Guarani, tomaram partido de suas respectivas mulheres, que brigavam pela posse de um papagaio muito falador. Antes que o atrito degenerasse em rixa e para evitarem problemas maiores resolveram separar-se. Tupi, o mais velho, retirou-se para a região mais central do Brasil, e Guarani, o mais moço, tomou o rumo do sul, povoando seus descendentes o território que ia até o Paraguai.

Viviam em tribos separadas, autônomas e dispersas; seu maior traço de identidade residia na língua. Os guaranis nunca chegaram a formar uma nação compacta, vivendo em pequenas comunidades esparsas, em aldeias independentes umas das outras. Um século e meio de aculturação não extinguiu, porém, entre os guaranis, seu sentimento de identidade nacional, quando da reação e resistência demonstradas nas guerras guaraníticas.

Em suas casas, as malocas, habitavam diversas famílias, geralmente pertencentes ao mesmo clã. Nas malocas ficavam estendidas as redes e os poucos utensílios domésticos.

Individualmente eram de estatura mediana, rosto grande e redondo, nariz achatado, cabelo preto, robustos, cor de cobre, olhos pretos e pequenos, bem-dispostos e simpáticos.

Viviam nus e costumavam pintar-se com tintas vermelha (urucuy) e negra (ñandipa).

Aos primeiros Missionários resultou uma impressão muito depreciativa, quanto aos padrões de beleza que apresentavam, eis que acostumados aos padrões de beleza européia. Num primeiro momento, não conseguiram desvencilhar-se de seus preconceitos estéticos.

Antes de serem catequizados, foram tidos como muito belicosos. Após contatos com os padres e trazidos para as Reduções, mostraram-se dóceis e submissos, eclodindo seu espírito guerreiro, quando participavam das milícias guaranis, convocadas pelos Governadores para a defesa de Assunção, de Buenos Aires e da Colônia do Sacramento, ocasiões em que se transformavam em guerreiros valentes e destemidos nas operações bélicas.

Há registros da prática de canibalismo ritual, na fase pré-reducional dos guaranis.

Dentre as características psicológicas, demonstravam um grande domínio sobre suas emoções, suportando dores sem queixas, uma grande indolência, com mínima aptidão para o trabalho. Outra característica marcante era sua imprevisão, sem qualquer preocupação com o futuro. Viviam o presente. Muito ciosos de sua liberdade.

Em conseqüência, não lhes afligia nenhuma preocupação com a obtenção de bens materiais, além dos bens indispensáveis para o dia-a-dia. A rede para dormir, as armas para caçar, o porongo para buscar água, as vasilhas de cerâmica para preparar alimentos, eram sua riqueza e, via de regra, nada mais almejavam.

Intelectualmente eram dotados de uma percepção muito aguda e rápida. Demonstravam uma incapacidade criativa, mas um talento extraordinário para a imitação e para a música.

Quando ainda na fase selvagem, os indígenas exerciam a poligamia, especialmente entre os caciques, e o divórcio era prática usual.

Para os caciques, apresentarem-se com muitas esposas era uma forma de ostentar prestígio na comunidade. A mulher principal era a "Cherimbicó", as outras, as "Cheaguazús".

Para erradicar a poligamia, muito lutaram os Jesuítas, procurando dignificar a união matrimonial monogâmica, cuja operação de verdadeira catequese foram desenvolvendo aos poucos, gradativamente, procurando não estabelecer um choque entre a cultura primitiva e os novos princípios culturais que lhes pretendia incutir.

O poder era distribuído entre os caciques (tuvichás ou rubichás) e os feiticeiros, ou pajés (payés) ou chamanes.

Alguns caciques, pela sua relevância no grupo, deram o nome à região sob seu domínio, é o caso de Guairá, território que teria levado o nome de antigo cacique com este nome.

Os primeiros detinham alguns poderes de regular a estrutura interna da aldeia e comandar o grupo nos feitos guerreiros. Os segundos empreendiam as curas, por meio de atos de magia e rituais específicos.

O cacicado era transmitido hereditariamente para o primogênito e remontava a um ascendente que se destacara pelos feitos na guerra ou pela liderança no seu grupo. A ele era atribuída a função de organizar e distribuir as tarefas de cada um dos membros do seu grupo. Como regra, a linhagem se transmitia pela linha masculina. As fontes registram uma única cacica, nas Reduções, que assumiu o posto pela extinção da linha masculina.

Alguns caciques, por sua atuação extraordinária, em determinadas situações, ficaram registrados na história. É o caso de Apizandu (pelo seu auxílio na organização das primeiras Reduções), Nicolau Neenguirú e Sepé Tiaraju, comandantes da reação indígena dos Sete Povos, ante a determinação de expulsão de seus territórios. Francisco Bairobá, que foi um cacique muito considerado e respeitado, tanto pelos índios como pelos próprios Missionários, consultado como seria a melhor forma de enfrentar os Bandeirantes, disse:

> "Abandonar os povos e volver aos bosques. Naqueles somos fracos e eles são fortes, nestes nós somos fortes e eles são fracos."

Algumas Reduções contaram com cerca de cinqüenta caciques. Daí a convivência respeitosa entre os Jesuítas e a "elite" guarani, pois, da atuação e do apoio dos caciques, dependia, em grande parte, o êxito do empreendimento.

A subsistência dos guaranis, na fase selvagem, advinha da caça, pesca, frutos nativos, mel e uma arraigada tradição agrícola, em que pesem rudimentares métodos de produção. Cultivavam pequenas roças de mandioca, milho, feijões, abóboras, batata-doce, algodão e fumo, em áreas desmatadas, e, diante do rápido esgotamento da terra, impunha-se-lhes a mudança do local da plantação. Era o sistema da coivara, ou seja, a queimada de um pedaço de mato, em que as cinzas serviriam de adubo à terra; esgotada a fertilidade, depois de três ou quatro anos de cultura, deslocavam-se para local próximo. Seu nível de vida era baixo.

No que tange à sua indisposição para o trabalho, registre-se, *en passant,* que essa era, também, uma característica dos colonos espanhóis que povoaram a região. Os militares e imigrantes civis espanhóis vinham com o propósito de enriquecer. Para isso, cuidavam de tornar-se grandes proprietários de terras. Só que para enriquecer com a produção da terra era necessário trabalhá-la. O trabalho manual era considerado desonroso para o cidadão. Por isso o redobrado desapreço aos Jesuítas que, com as Reduções, lhes privavam da mão-de-obra indígena para exercer os trabalhos dos quais necessitavam. O exemplo de trabalho pessoal dos Jesuítas terá sido uma das causas da admiração e estima que os indígenas passaram a dedicar aos padres.

Eram os guaranis muito respeitosos com as mulheres e extremamente amorosos com os filhos pequenos. Abstinham-se de castigá-los.

O adultério era considerado crime grave, punido com severidade, mas o divórcio era facilmente obtido.

O sistema de parentesco entre os guaranis era intrincado, com a instituição do "cuñadazgo", o cunhadio, pelo qual o cacique cedia filhas ou donzelas de seu clã para terceiros, inclusive estrangeiros ou pessoas estranhas à nação guarani, pelo que se tornariam "cunhados". O número de cunhados era também fator de prestígio ao cacique. Cabia aos cunhados manterem laços de reciprocidade, envolvendo convites para a guerra, atividades coletivas de caça e pesca, participação em festas, trabalho na roça ou construção de uma casa. Diante desse tipo psicológico, era natural sua desafeição ao trabalho.

Glutões, não raro comiam a semente que recebiam para as plantações ou matavam o boi recebido para arar a terra, em que pese lhes ser assegurada a ração diária para sua sobrevivência.

Quando dos primeiros contatos com os Missionários, costumavam embriagar-se constantemente, ingerindo a chicha, beberagem fermentada do milho, não raro durando dois ou três dias suas bebedeiras. Com alguma dificuldade, os padres conseguiram amenizar o vício, com a introdução do chimarrão e o tererê, feitos com erva-mate, que passou a constituir um dos pilares da economia das Reduções.

Antes de se integrarem numa Redução, os Guaranis andavam nus. Após sua integração num povo, passaram a vestir-se. Suas vestimentas eram confortáveis, limpas e decentes. Sem luxo. O luxo só era admitido para as vestes e paramentos litúrgicos e vestimentas dos dançarinos, nas festas especiais em que estes se apresentavam, e estas vestes eram de propriedade da comunidade.

O "Yvy Maran'y Eky" era a Terra sem Males, o paraíso buscado pelos guaranis, onde poderiam viver o seu "modo de ser".

Nutriam os guaranis verdadeira paixão pela música, cantos e danças.

Não será demais concluir que muitos índios foram atraídos às Reduções e lá permaneceram, no início, mais pela liturgia do que pela essência das pregações da nova religião.

Conseguiram os Jesuítas captar as virtudes e os defeitos desse tipo humano, a fim de orientar as diretrizes para a formação de comunidades solidárias, ordeiras e auto-suficientes, dentro dos seus propósitos religiosos, e obter deles um trabalho coletivo, comunitário, solidário em benefício do bem comum. Em tais comunidades, não havia mendigos nem desocupados.

O projeto reducional decorreu de interesses diferentes, provindos da Coroa Espanhola, da Ordem dos Jesuítas e dos próprios indígenas, interesses envolvidos em aspectos políticos, econômicos, religiosos, de soberania e de segurança individual.

Merece um destaque especial a língua falada pelos guaranis, considerada harmoniosa e elegante.

De um dos Jesuítas que conviveu com os índios, resultou este depoimento:

> "Confesso que estranhei muito achar nela tanta majestade e energia. Cada palavra é uma definição exata que explica a natureza do que se quer dar a entender e dá dela uma idéia clara e distinta. Nunca imaginei, que dentro da barbárie, se falasse uma língua que, a meu juízo, por sua nobreza, e por sua harmonia, não é inferior às tantas que aprendi na Europa. Tem, por outra parte, suas delicadezas e agrados, e requer muitos anos para se chegar a dominá-la com perfeição." (Tradução do espanhol pelo autor)

Ainda hoje a língua guarani é idioma corrente, ao lado do espanhol, na República do Paraguai, usada, inclusive pelas classes cultas, como língua favorita para as comunicações intrafamiliares, deixando o espanhol para as comunicações nas relações externas.

V

AS PRIMEIRAS REDUÇÕES JESUÍTICAS NA MESOPOTÂMIA PARANÁ-URUGUAI E NO GUAIRÁ

Ao se iniciar o ciclo das Reduções indígenas, já se havia desenvolvido um comércio entre São Paulo e Assunção.

Antes dos Jesuítas, os Padres Franciscanos já haviam tentado desenvolver seu trabalho de evangelização por meio de Reduções. Fundaram a primeira em 1575, em Los Altos, ao norte de Assunção.

No Brasil, as aldeias indígenas não conheceram uma estrutura como a projetada e executada no Paraguai, nem se tornaram centros produtores capazes de atender sua subsistência integral e armazenar produtos para exportação.

Já uma Cédula Real de 1605 exortava o envio de religiosos à região de Guairá para um trabalho junto às aldeias indígenas.

Em 1609 o Padre Torres enviou seus missionários para três direções: os Padres Marcial de Lorenzana e Francisco San Martin rumaram para a região do Paraná, ao sul do atual Paraguai; os Padres Vicente Griffi e Roque Gonzalez, para a região dos índios guaicurus, a oeste de Assunção; e José Cataldino e Simon Massetta para a região do Guairá, mais ou menos a 150 quilômetros ao nordeste de Assunção, hoje Estado do Paraná, no Brasil.

Quanto à missão confiada aos dois primeiros, já em 1610 era fundada a primeira Redução, chamada San Ignácio del Paraná, depois conhecida por *San Ignácio Guazú,* junto à umbicação dos rios Tebicuary e Paraná, pelos Padres Marcial Lorenzana e Francisco San Martin, acompanhados do sacerdote secular, Padre Rodrigo Ortiz de Melgarejo, *criollo,* filho do fundador de Vila Rica e profundo conhecedor da região.

Como dificilmente os índios aceitavam abandonar a região que habitavam, as Reduções primitivas foram organizadas próximas às povoações indígenas já existentes e, por questões de comunicação e defesa, deveriam ficar entre 3 e 10 léguas, uma da outra. (légua — medida de comprimento equivalente a 6.600 metros)

Esta redução sofreu uma primeira transferência em 1628, em busca de lugar mais favorável e, finalmente, nova transmigração em 1668 onde se estabeleceu definitivamente, constituindo-se como pólo irradiador das ações junto ao Rio Uruguai.

Em 1615 era fundada, na margem esquerda do rio Paraná, a Redução de *Anunciação de Itapuá*, mais tarde transferida para a outra margem do rio, com o nome de *Encarnación* (hoje segunda cidade do Paraguai).

Yaguapoa surge em 1616, *Concepción*, em 1619, *Natividad de Nuestra Señora del Acaray* e *Corpus Christi*, em 1622, e *Santa Maria del Iguazú*, em 1626. Além de diversas outras que vão integrar a região do Tape e da Mesopotâmia Paraná—Uruguai, no atual território da Argentina, algumas das quais vão florescer entre os Trinta Povos Missioneiros que marcaram o período áureo das Reduções.

A segunda dupla, constituída pelos Padres Vitório Griffi e Roque Gonzáles, não teve o mesmo êxito, pois os índios guaicurus mostraram-se totalmente refratários a qualquer tentativa de conversão. Convencidos da impossibilidade de redução desses indígenas, os padres retornaram.

Melhor destino tiveram os Padres Cataldino e Mascetta, visto que, enfrentando toda sorte de dificuldades, deram início ao trabalho de redução dos gentios no território de Guairá.

No mesmo ano de 1610, foi fundada a Redução S. Ignácio Mini e, logo após, a Redução de N. S. de Loreto, aproveitando dezenas de famílias guaranis convertidas pelos Padres Ortega e Fields. Loreto, por alguns, é considerada como a primeira Redução fundada, porque Santo Inácio, na realidade, somente começou a funcionar dois anos após e em outra sede.

Nos dez primeiros anos, sofreram os Missionários inúmeras dificuldades para estruturar o seu projeto de trabalho missionário, no campo espiritual e, ao mesmo tempo, desenvolver, no campo material, as bases de uma economia auto-sustentável por meio do TRABALHO indígena, em setores dos mais diversos, da criação de gado às culturas agrícolas, da fabricação de vestuário até o desenvolvimento de oficinas em que se fabricavam os instrumentos e objetos indispensáveis à atividade religiosa e à vida cotidiana.

A região denominada Guairá estendia-se por terras do atual Estado do Paraná.

Estima-se que, quando da chegada dos espanhóis nas proximidades dos Rios Paraná, Paraguai e Uruguai, viviam cerca de 300.000 índios nessa região. Em pouco tempo, esse número foi consideravelmente reduzido em função da escravização e das doenças.

Os primeiros Jesuítas enviados à região reivindicaram, desde logo, dois pressupostos para o aldeamento: o isolamento dos povoados e o exercício do poder temporal, que se constituíram em características das demais Reduções formadas através dos anos e, sem dúvida, uma das principais causas do sucesso do empreendimento.

O isolamento da povoação era considerado como peça fundamental do projeto, pois o contato com os brancos expunha os indígenas ao mau exemplo destes e a sua ambição de se utilizarem do trabalho e das mulheres dos mesmos.

O único modo de obter resultados duradouros seria o impedimento de contato entre índios e a população branca.

Depois das primeiras Reduções de Nossa Senhora de *LORETO* e *SANTO IGNACIO MINI*, fundadas entre 1610 e 1611, vieram, *SÃO FRANCISCO XAVIER*, em 1622, *SÃO JOSÉ* e *ENCARNAÇÃO*, em 1625, *SÃO MIGUEL* e *SÃO PAULO*, em 1626, *SANTO ANTÔNIO*, *CONCEIÇÃO* e *SÃO PEDRO*, em 1627, *SETE ARCANJOS*, *SÃO TOMÁS* e *JESÚS-MARIA*, em 1628.

Inúmeras foram as Reduções constituídas, situadas entre os rios Paranapanema, ao norte, Iguaçu, ao sul e Paraná, a oeste. A leste ficavam as terras ocupadas pelos portugueses e mamelucos.

Os espanhóis haviam fundado as cidades de Ontiveros em 1554, por Domingo Irala, transferida mais tarde para uma nova sede, localizada a três léguas mais ao norte, agora com o nome de Ciudad Real, e mais Vila Rica do Espírito Santo e Santiago de Jerez.

O território de Guairá passou a constituir o destino de diversas Bandeiras, saídas de São Paulo, em busca de escravos indígenas.

No Brasil, os Padres Jesuítas Nóbrega e Anchieta haviam fundado um colégio na povoação batizada com o nome de São Paulo, que se tornou o ponto de irradiação para as diversas áreas do continente.

Mamelucos foram denominados os mestiços, fruto das relações do contingente branco com indígenas, especialmente com o grupo tupi, amigo dos portugueses.

Consideráveis contingentes de mamelucos, bem armados, acompanhados de não menor número de índios tupis, seus aliados, investiram contra as populações indígenas da região, empreendendo uma empreitada genocida, que se estenderia por algumas décadas.

As Bandeiras, na realidade, constituíam-se em empreendimento comercial, bancadas por um armador que entrava com o capital para a formação do corpo de mercenários brancos e o gentio amigo que acompanhava a excursão. Normalmente receberia a metade das peças trazidas. Às vezes, o capital era repartido entre diversos investidores, que dividiriam, a final, os lucros de acordo com a respectiva quota. O objetivo principal do empreendimento era a captura de índios, a serem vendidos como escravos, mão-de-obra mais barata, inclusive, do que a dos escravos negros vindos da África. O valor de um escravo indígena era cerca de 20% do valor de um escravo africano.

O objetivo primeiro dos bandeirantes era o aprisionamento de índios das Reduções, os denominados "índios mansos", mais bem acostumados com a "civilização" e com o trabalho agrícola, presas muito mais cobiçáveis do que os índios selvagens, mais belicosos e aguerridos, capazes de apresentar maiores resistências e menor disposição para o trabalho.

É interessante observar que as Coroas espanhola e portuguesa se anteciparam em alguns séculos ao fenômeno da "terceirização", o abençoado fruto das elites empresariais do atual neoliberalismo. Enquanto nos Estados Unidos da América do Norte o governo enfrentou diretamente a missão de conquistar territórios e exterminar os indígenas que povoavam as regiões, por meio das forças regulares de seu exército, aqui, a missão genocida foi terceirizada para os bandeirantes e os encomendeiros. Os primeiros saqueando, massacrando e escravizando as povoações indígenas; os segundos, por uma servidão que disfarçava verdadeira escravidão, dizimavam o gentio pelos maus-tratos, pela fome e pelas doenças.

Afigura-se que objetivos políticos não constituíam a preocupação primeira dos bandeirantes, em que pesem os reflexos que se fizeram sentir de sua atuação.

Inegavelmente, da ação dos bandeirantes se refletiram conseqüências políticas futuras na fixação de fronteiras entre Espanha e Portugal. É-nos permitido concluir, todavia, que o objetivo imediato das bandeiras era o lucro.

O mito criado por alguns historiadores brasileiros, em rasgos de nacionalismo ufanista, transformando essas expedições criminosas e genocidas em empreendimentos altamente louváveis e patrióticos, levou-nos a uma visão desfocada da realidade.

Sob a estrita visão política, das incursões dos bandeirantes advieram resultados positivos para a fixação das fronteiras da Nação, o que não nos impede de uma visão crítica de sua atuação no campo ético, de respeito aos valores humanos, independentemente de qualquer consideração de ordem religiosa.

A respeito, o Padre Rabuske observa:

> "A verdade e justiça históricas não permitem, contudo, que lhes confiramos valores que não tiverem. Até ao contrário, parece-nos que essa imagem, esse símbolo e mito haverão de ficar, pois expressam também uma parte das taras morais do nosso Brasil, incluindo nossa miragem do lucro fácil e rápido a todo preço, nossos preconceitos inveterados face um trabalho manual organizado e constante, nossa falta de coerência ética e religiosa, etc. ..."

Viana Moog também registrou o seguinte:

"De fato, já não basta que o bandeirante tenha dilatado as linhas da pátria, deixando para os pioneiros o problema concêntrico de povoá-la! Agora se quer que ele tenha sido, também, povoador, trabalhador orgânico com uma idéia política do que estava fazendo e do que a sua ação significaria para o futuro." — [...]

"Não se deve apenas preservar o passado e a tradição, mas reagir contra a tradição e o passado, a falsa tradição e o falso passado; não apenas sofrer passivamente a nossa história, como até agora temos sofrido, mas fazer história, deliberadamente, como até agora não fizemos."

Repita-se, naturalmente não se excluirão as conseqüências políticas que vieram da ação dos bandeirantes, na expansão das fronteiras, conseqüências políticas, porém, que se nos permite concluir não estavam nos objetivos fundamentais quando da constituição de uma Bandeira invasora do Guairá e posteriormente do Itatim e do Tape, e sim a caça aos indígenas para escravizá-los, vendê-los no mercado e auferir lucro e, em segundo lugar, buscar um caminho para chegar às fabulosas minas da região de Potosi.

Ressalte-se que entre 1628 e 1631 os paulistas levaram cerca de 60.000 índios para os mercados de escravos, no Brasil.

Entre 1635 e 1641, os Bandeirantes teriam aprisionado perto de 300.000 índios, levando-os como escravos para São Paulo. Um considerável contingente morria no caminho, ou por inanição, ou por doenças, ou por exaustão, fruto dos maus-tratos infligidos aos prisioneiros.

A história assegura que já em 1580 o Capitão Jerônimo Leitão aprisionara grande número de indígenas, no Guairá, levando-os para o mercado de escravos em São Paulo, destinados, especialmente, às lavouras de cana-de-açúcar.

Manoel Preto, um dos mais famosos caçadores de indígenas, já em 1606 incursionava na região em busca de escravos, voltando com expedições próprias em 1619 e 1623. Outras expedições tiveram lugar em 1607, 1612, 1615, todas partiram de São Paulo. Na mesma época, outras expedições escravagistas eram comandadas por espanhóis.

Em agosto de 1628, saiu de São Paulo uma forte Bandeira que invadiu o Guairá, comandada por Antônio Raposo Tavares. Era composta por quatro esquadrões, num total de 900 portugueses e mamelucos, fortemente armados, acompanhados de cerca de 2.200 índios tupis, aliados aos bandeirantes.

Como Mestre de Campo de todas as operações seguia Manoel Preto, o célebre e experiente caçador de índios.

Semelhantemente às caçadas da nobreza européia, quando as comitivas de caçadores eram acompanhadas por proeminentes figuras da elite, a bandeira de Raposo

Tavares, saindo à caça de índios, foi acompanhada por três juízes, dois vereadores, o Procurador do Conselho, o filho, o genro e um irmão do Ouvidor da Vila, Amador Bueno, além de um capelão e padres seculares.

Contava ainda com o beneplácito do Governador do Paraguai, Luis de Céspedes Xéria, que se encontrava em São Paulo.

Este governador, casado com uma mulher do Rio de Janeiro, proprietária de um engenho de cana-de-açúcar, era conivente com os Bandeirantes, o qual terminou processado e condenado perdendo o cargo; consta, ainda, que teria fugido para o Brasil.

Olhando-se para o passado, podemos compreender melhor o que tem acontecido no Brasil presente.

Inicialmente foi atacada a Redução de Encarnación; depois saquearam e incendiaram a Redução de S. Antônio, aprisionando os índios que não conseguiram evadir-se. A próxima vítima foi a Redução de S. Miguel. Os habitantes desta, porém, já haviam abandonado o povo, por orientação do padre, de sorte que os bandeirantes encontraram as casas vazias. Acamparam no local, enquanto os tupis saíram para aprisionar os fugitivos numa área de 3 a 4 léguas distantes. Jesus-Maria foi o povo seguinte a ser visitado pelos ilustres invasores, onde ocorreram toda sorte de tropelias, aprisionando-se os índios que não foram mortos ou conseguiram fugir. Nesta última atearam fogo à Igreja onde se refugiara parte da população.

Ao encerrarem a caçada, os bandeirantes levaram para São Paulo mais de 15.000 índios aprisionados.

Essa Bandeira se celebrizou pela crueldade e pelo rastro de sangue que deixou atrás de si. Primeiro, mataram os caciques e chefes indígenas, temerosos que liderassem uma reação entre os cativos; depois, mataram os velhos e fracos, que retardavam a marcha; em seguida, separaram as crianças das mães, abandonando-as no caminho, para que também não retardassem a caminhada de volta. Como os padres que seguiram a Bandeira as recolhiam, para devolverem-nas às mães, passaram a simplesmente matar também as crianças, havendo fontes concretas de que atiravam as crianças mortas como alimento aos seus cães, de sorte a chegarem em seu destino na posse de apenas "peças" mais valiosas para o mercado.

Até para evitar alguma desconfiança entre os indígenas de que a ação dos Bandeirantes se efetuava com conivência dos Jesuítas, o Padre Simon Maceta (ou Mascetti) e Justo Mancilla, enfrentando dificuldades mil, saíram atrás da Bandeira de Raposo Tavares na sua volta a São Paulo, a fim de protestar e pedir providências contra as iniqüidades que estavam sendo cometidas. Nada conseguindo em São Paulo, partiram para o Rio de Janeiro e de lá para Salvador. Conseguiram do Governador, D. Luis Diogo de Oliveira, depois de muita embromação, uma ordem aos paulistas para que devolvessem os indígenas aprisionados. Advertidos foram os Padres, entretanto, de que o Governador não contava com nenhum juiz que pudesse ir e fazer cumprir a determinação. Apresentou-se, então, um juiz, voluntário e corajoso, que se dispôs a acompanhar os Jesuítas na sua volta a São Paulo. Lá chegando, foram hostilizados a ponto de se verem obrigados a fugir, para não serem linchados. Os índios escravizados já haviam sido vendidos a um sem-número de compradores e os paulistas desconheceram, solenemente, as ordens recebidas... — já na época a impunidade reinava intocada no Brasil.

Em 1630, comandada por Raposo Tavares, veio ao Guairá uma nova Bandeira, tão ou mais cruel do que a anterior.

As Reduções que restavam foram todas saqueadas, destruídas e aprisionados os indígenas que não conseguiram fugir, salvo as de S. Inácio e Loreto, que ficavam mais distantes.

A maioria das povoações foi atacada e aniquilada pelos Bandeirantes, na sua busca por escravos índios. De S. Francisco Xavier, então com 1500 famílias, escaparam menos de 500, os prisioneiros foram amarrados uns aos outros para serem conduzidos a S. Paulo. O povo de S. José fugiu para as serras e matos, diante da aproximação dos mamelucos. S. Pedro foi totalmente destruída.

Em fins de 1630, restavam no Guairá somente as Reduções de S. Inácio e Loreto.

As primeiras Bandeiras teriam tido o apoio dos espanhóis que habitavam as cidades espanholas de Vila Rica e Cidade Real, no Guairá. Tornando-se mais escassas as Reduções a serem pilhadas, terminaram os mamelucos por destruir também essas cidades espanholas.

Vila Rica, depois de prolongado cerco imposto pelos invasores, iniciado em 1631, foi saqueada e incendiada.

Em 1631, os Jesuítas iniciaram também a fundação de Reduções na região de Itatim, ao norte de Assunção, começando pelas Reduções de Anjos e S. José em 1631, S. Benito e Natividade, em 1632, Santos Apóstolos Pedro e Paulo e Encarnação, em 1633, que terminaram por ser destruídas também pelos Bandeirantes.

Destruída a obra jesuítica no Guairá, e o Itatim, que se desenvolvera no território que hoje se situa o Estado de Mato Grosso do Sul, dirigiram-se os Bandeirantes à região do Tape, continuando a sua obra de pilhagem, destruição e escravização, até serem vencidos e desbaratados na memorável Batalha de Mbororé. A atuação dos Jesuítas na região do Guairá foi até 1631.

Diante da fúria genocida das Bandeiras, em 1631, os Padres decidiram migrar as populações do Guairá para o sul. O episódio do êxodo guarani é uma das páginas mais extraordinárias de nossa História Americana.

A entrada dos Jesuítas, com suas Reduções de indígenas e a proteção a eles dispensada, desgostou tanto aos espanhóis, "encomendeiros", quanto aos paulistas escravagistas, pois viam ameaçadas suas fontes de mão-de-obra gratuita dos indígenas.

Da experiência do Guairá, resta, ainda, considerar o que o insigne Padre Arthur Rabuske, infatigável pesquisador do trabalho Missioneiro, denominou como a Carta Magna das Reduções do Paraguai, por ele traduzida para o português.

Trata-se de duas Instruções, emanadas do Provincial Jesuíta, Padre Diego de Torres Bollo. A primeira especificamente endereçada aos Padres José Cataldino e a Simão Mazeta, de 1609, a segunda, a todos os missionários do Guairá de 1610.

Trata-se estes documentos de um verdadeiro código de conduta a ser observado nas Reduções, abrangendo desde aspectos urbanísticos, como econômicos, sociais e religiosos. Pinçamos algumas disposições que emergem dos textos.

Da primeira Instrução:

— Em todas as igrejas que passarem a edificar, procurem fazer (uma) capela (como a) de Nossa Senhora de Loreto, de 40 pés de comprido, 20 de largo, 25 de alto, com altar e demais como nela se encontra.

— Se acaso entrarem por aí os padres do Brasil, que Nosso Padre Geral concedeu se enviem a esta Província, Vossas Reverências regalem-nos a partir de sua pobreza com toda a caridade e amor e os ajudem para que mais facilmente possam chegar a Assunção.

— Tendo-se informado nos dois povoados de pessoas desapaixonadas e de bom exemplo onde acham que poderão fixar-se Vossas Reverências e sedear a principal Redução na Tibajiba, irão lá e darão uma volta pela região, para escolher o posto que possuir maior e melhor terra e melhores caciques. No sítio mais perto e apto façam a Redução e povoação, como acaso será na boca do Ribajiba ou perto dela. Nisso advertirão primeiro que tenha água, pescaria, boas terras e que estas não sejam todas alagadiças nem muito quentes, mas tenham bom clima e se apresentem sem mosquitos e isentas de outros incômodos, onde possam manter-se e fixar até 800 ou 1.000 índios; no que eles mesmos darão o melhor parecer.

— O povoado se trace segundo o modelo dos do Peru ou como seja mais do agrado dos índios... com as suas ruas e quadras, dando uma quadra a cada quatro índios, uma residência a cada um, e que cada casa tenha sua hortazinha.

— O mais depressa possível, com suavidade e gosto dos índios, recolham-se todas as manhãs os seus filhos para aprenderem a Doutrina, sendo que delas escolham alguns para que aprendam a cantar e ler.

— Com toda a energia, prudência e diligência possível se impeça que os espanhóis não entrem no povoado, e, entrando, não façam agravos aos índios e em breve tornem a sair. De maneira nenhuma os deixem tirar índios para escravos.

— Na pequena casa de Vossas Reverências não entrem mulheres por motivo algum e não se recebam nela hóspedes, exceto algum religioso ou pessoa do clero.

Da segunda Instrução, além de ratificar diversas disposições contidas na primeira, cumpre destacar:

— Procurem, enquanto possível, não se afastar dos companheiros, nem sair a sós, porque, além de o Senhor nos haver ensinado isto através de seus Apóstolos e discípulos, enviando-os dois a dois. — E ai de quem estiver só, porque, caindo, não terá quem o levante! e o Irmão, ajudado pelo Irmão, é como uma torre fortíssima.

— Devido a esta razão e por causa de muitas outras moderem o fervor e zelo no sentido de muitas Reduções, procurando na que tiverem seus cuidados assentar firme o pé e cultivá-la com vagar, como se nela tivessem que estar até a morte.

— Coloque-se nossa casa e a igreja no centro e as dos caciques logo em volta.

— Ajudarão os índios e os orientarão para que façam chácaras de milho, mandioca, batatas e outros gêneros alimentícios, bem como para que plantem algodoais para seu vestido. Para tanto, tratem de conseguir bois de arado.

— Batizem os adultos com muita prudência e recato, estando eles bem catequizados e instruídos, e tendo-se garantias de que vão perseverar na Redução.

— Toque-se o sino três vezes por dia para a oração e, à noite, em lembrança das almas dos defuntos.

— Aos caciques, contudo, não convém castigá-los e de modo particular não em público. Por nossas próprias mãos não se castigue a ninguém, nem mesmo dando uma bofetada a rapazes. Isto teria vários inconvenientes, para além de ser contra a nossa regra.

— Não se lhes peça (aos índios) o que quer que seja, a não ser em casos extremos e neste caso pagando-o. [...] Menos ainda aceite-se algo por missas rezadas.

— Em relação aos espanhóis ... De maneira nenhuma cooperem os Nossos (padres) a que se tirem índios da Redução para trabalhos. Antes, quando quiserem tirá-los, peçam-lhe a ordem judiciária ....

Dessas Instruções ressalta-se, além das disposições religiosas, também regras referentes à concepção urbanística das Reduções, o respeito e consideração para com os caciques, o incentivo ao trabalho agrícola e o ensino, também a defesa dos índios perante os espanhóis.

Realmente terão sido estas Instruções a primeira Carta Magna da Região Missioneira.

Nas Reduções do Guairá, como depois nas demais fundadas em outras regiões, não eram raros os casos de evasão de índios aldeados, que, não se acostumando com o regramento da vida comunitária, estabelecida por normas bastante rígidas, abandonavam a Redução, indo trabalhar para portugueses ou espanhóis ou retornavam à floresta, para continuarem com sua vida primitiva.

Com o insucesso de Guairá, encerrava-se um importante capítulo da experiência de redução dos indígenas, pelos Jesuítas. Esta experiência não terá sido em vão, pois terá trazido elementos para o desenvolvimento das futuras Reduções.

VI

O ÊXODO

A situação no Guairá estava-se tornando insustentável. As Reduções estavam sendo dizimadas pelos Bandeirantes, uma após outra, resultando cada assalto em grande mortandade e aprisionamento de milhares de indígenas sobreviventes, que eram conduzidos como escravos para São Paulo e destinados especialmente para o trabalho nas lavouras de cana-de-açúcar. Os prejuízos materiais eram imensos.

Em 1631, o Padre Antônio Ruiz Montoya reuniu-se com as lideranças remanescentes e chegaram à conclusão de que a solução, para sua sobrevivência, seria a retirada dos indígenas e padres, pois não havia como resistir às investidas dos mamelucos, sempre bem armados e acompanhados de milhares de índios tupis, seus aliados.

A solução seria abandonarem seus povos e rumarem para o sul, em direção à região do Tape e à região situada entre os rios Paraná e Uruguai, também na Província do Paraguai, onde já se desenvolviam Reduções irmãs.

Montoya reuniu cerca de 7.000 sobreviventes das Reduções destruídas e conseguiu a adesão dos responsáveis pelas Reduções de S. Ignácio e Loreto, com mais 5.000 almas. Estas duas últimas Reduções, por se situarem em região mais afastada, ainda não haviam sido alvo dos ataques dos Bandeirantes.

Numa empreitada desesperada, com notícias de aproximação de mamelucos, construíram à beira do Rio Paraná mais de 900 embarcações, entre balsas e canoas, conseguindo embarcar antes da chegada dos invasores, para desespero destes, ao verem se lhes escapar a preciosa presa.

Cerca de 12.000 pessoas foram conduzidas rio abaixo, com as tralhas que conseguiram arrecadar, entre pertences pessoais, objetos de adorno de Igrejas e até os restos mortais de três padres.

O Padre Montoya, qual novo Moisés, ou novo Xenofonte, conduziu por centenas de quilômetros o seu povo, rumo a uma nova terra, procurando Paz e Segurança. Paz e Segurança pelas quais ainda teriam de lutar muito, mesmo no novo destino, como a história demonstraria.

Por via fluvial, conseguiram ir até as Cataratas das Sete Quedas, necessitando, no caminho, resistir a uma tentativa de obstrução de sua passagem, por um grupo de espanhóis.

Numa passagem estreita do rio, espanhóis de Vila Real haviam construído um fortim para obstar a passagem dos índios, a fim de aprisionar os seus "encomendados". Depois de tentativas inexitosas do Padre Montoya recorreram à ameaça de luta pelos indígenas com seus 4.000 arqueiros a postos, sendo, então, consentida a passagem.

Depois a expedição teve de seguir a pé, varando montes e florestas, enfrentando feras, doenças e fome.

Um considerável número de índios ficou pelo caminho, abandonando a expedição, embrenhando-se nas florestas virgens, voltando, assim, à vida primitiva.

Uma epidemia abateu cerca de 600 pessoas. Os sobreviventes, calculados em metade do contingente que iniciara a expedição, chegaram a seu destino em fins de 1631, dispersando-se, indo parte alojar-se em território do Tape (hoje, Rio Grande do Sul), e outros, na mesopotâmia formada pelos rios Paraná e Uruguai, hoje se constituindo nos territórios da Argentina e do Paraguai, onde alguns foram acolhidos por Reduções já existentes, outros trataram de reconstruir as Reduções de S. Ignácio Mini e Loreto. Agora em território da hoje Argentina.

S. Ignácio Mini apresenta ainda hoje impressionantes ruínas, atestando o esplendor alcançado no novo destino.

Encerrada esta verdadeira epopéia, veio o Padre Montoya a sofrer críticas, por vozes que consideraram que deveriam ter permanecido no Guairá, e resistido ao assédio dos mamelucos.

Resistência suicida, sem dúvida, considerando o armamento utilizado pelos bandeirantes, diante de comunidades indígenas praticamente indefesas.

Em 1638, novo êxodo, desta vez do território do Tape, onde as Reduções vinham sendo sistematicamente saqueadas, pós-destruição do trabalho no Guairá, com ações de extrema barbárie, como a eliminação dos povos e escravização dos índios capturados, que não conseguiram fugir. Desta vez, rumo à região da mesopotâmia paraguaia, para o lado ocidental do rio Uruguai.

Alguns contingentes de retirantes chegaram a caminhar por volta de 1.000 quilômetros, até chegarem ao seu novo destino, recomeçando a vida nos moldes das Reduções.

VII

AS REDUÇÕES DO TAPE

A denominada região do Tape localizava-se na área central do atual Rio Grande do Sul. Era a região habitada pelos índios tapes, ramo guarani ou, segundo outros, guaranizados. A tentativa inicial de povoação, de 1620, denominada Candelária, resultou inexitosa, pela destruição por índios inimigos.

A primeira povoação fundada foi *São Nicolau do Piratinin*, em 1626 ou 1627, pelo Padre Roque Gonzalez, e que foi o ponto inicial, irradiador de todo o trabalho na região do Tape. Em poucos anos, já contava com mais de 500 famílias aldeadas.

Veio depois *São Carlos do Caapi* (onde hoje se situa o Município de Santo Cristo, no Rio Grande do Sul). Luiz Berger, célebre artista francês, pintou um lenço de São Carlos para a igreja desta Redução.

Em 1628, era fundada a Redução de *Assunção do Caaró*, onde foram trucidados pelos índios os Padres Roque Gonzalez, com seu companheiro Alonso Rodriguez, junto com o Padre Juan de Castillo, torturado até a morte em Asunción del Yyuhy. São os denominados Três Mártires do Caaró ou os "Três Mártires Rio-Grandenses". Sobre a morte de Roque Gonzales, há um episódio digno de registro. Depois de trucidado pelos índios, foi-lhe arrancado o coração e jogado numa fogueira. Posteriormente, os padres que foram resgatar o corpo encontraram o coração intacto. Após alguns anos guardado em Roma, num relicário de prata, foi transferido para Assunção, onde se encontra hoje e é venerado como relíquia sagrada, pelos católicos de toda região missioneira.

Desativada, esta Redução foi, posteriormente, restabelecida com denominação de *Três Mártires do Caaró.*

Vítima dos ataques dos mamelucos, em 1638, sua população foi trasladada para território hoje Argentina, atual província de Missiones, nas proximidades de Corpus.

A Redução de *Apóstolos São Pedro* e *São Paulo* foi fundada em 1631 e destruída em 1638 pelos Bandeirantes, matando ou capturando os cerca de 3.000 índios que lá viviam.

São Tomé foi fundada em 1632. Uma peste vitimou mais de um milhar de habitantes, entre adultos e crianças. Os sobreviventes tiveram de empreender fuga em 1639, com a aproximação dos mamelucos.

Ainda em 1632 era fundada a Redução de *São Miguel Arcanjo*. O Padre Cristóvão de Mendonza, um dos fundadores da nova Redução, foi o Missionário responsável pela introdução do gado, no Rio Grande do Sul. A população também foi obrigada a emigrar, diante da chegada dos paulistas, passando para o outro lado do rio. Retornaram em 1687, quando se estabeleceram no local onde depois floresceu a mais famosa das Reduções sul-rio-grandenses, especialmente pela sua notável Igreja e um museu que exibe algumas peças da arte missioneira.

Foram fundadas ainda na região do Tape as Reduções de *São José*, em 1632, à margem direita do Rio Ibicuí. Sob ameaça de invasão pelos bandeirantes, migrou para o outro lado do Rio Uruguai.

Santa Tereza, em 1632, junto ao Rio Passo Fundo. Em 1637, os bandeirantes invadiram a Redução, aprisionando os índios que não conseguiram fugir. Os padres tentaram pagar um resgate pelos prisioneiros, mas a quantia pedida estava fora de suas possibilidades.

Santa Ana, em 1633. Chegou a contar com perto de 8.000 habitantes. Em 1639, a população empreendeu fuga, diante da ameaça dos bandeirantes.

Natividade, em 1633. Foi invadida pelos paulistas.

Jesus Maria, em 1633. Em 1635, foi completamente destruída pelos mamelucos. A expedição bandeirante incendiou a Redução de Jesus Maria e aprisionou os índios reduzidos, levando-os como escravos para trabalharem nas lavouras de cana-de-açúcar e outros serviços em São Paulo depois de atearem fogo à Igreja onde se haviam refugiado todos os que não podiam combater. Logo em seguida mais três reduções foram atacadas. Ainda, *São Cristóvão*, em 1634. Em 1638, Raposo Tavares aniquilou a Redução. *São Cosme e São Damião*, em 1634. Destruída pelos paulistas. Mais *Assunção do Ijuí*, *Candelária do Ibicuí*, *São Francisco Xavier*, *S. Joaquim*. Ao todo, dezoito Reduções.

Esgotadas as presas no Guairá, as Bandeiras se dirigiram ao Tape, em que da mesma forma que nas operações anteriores, o objetivo principal era buscar o índio já amansado, reduzido, mais habituado ao trabalho agrícola e pastoril, ou seja, os índios dos padres. Atiçava muito mais a cobiça dos mamelucos o aprisionamento dos índios nas Reduções do que os índios do mato, belicosos, desacostumados com o trabalho.

E, depois, sucessivamente, todas as Reduções do Tape foram atacadas, pilhadas, destruídas e escravizados os indígenas que conseguiam aprisionar.

As crueldades cometidas pelos mamelucos bandeirantes, quer no Guairá, quer no Tape, manifestavam o mais absoluto desrespeito ao ser humano, com uma insensibilidade a denunciar terem chegado ao último grau de barbárie.

A destruição dos povos no Tape ocasionou o segundo grande Êxodo dos guaranis, em busca da Terra sem Males.

VIII

A BATALHA DE MBORORÉ

Os enfrentamentos entre Bandeirantes e indígenas resultavam inexoravelmente no feroz massacre dos últimos, pois os primeiros estavam dotados de armas de fogo, contra as quais não tinha grande poder de reação as flechas e lanças nativas.

Sem efeito prático mostrou-se a ameaça de excomunhão, promulgada pelo Papa Urbano VIII, confirmando um texto anterior de Paulo III, para aqueles que escravizassem indígenas.

Compreenderam os Jesuítas que uma defesa eficiente somente seria possível quando dispusessem de armas da mesma natureza que as utilizadas pelos invasores.

Desde 1627, os Jesuítas articulavam com a Real Audiência de Charcas um projeto de autorização para a utilização de armas de fogo, em defesa das Reduções. Esta inovação necessitaria da autorização real.

O Padre Ruiz de Montoya dirigiu-se, então, em 1639, ao Conselho das Índias, reivindicando o direito de utilização de armas de fogo, para uma eficaz resistência às constantes invasões. Com intensa e eficiente atuação junto às Cortes, conseguiu Montoya que Felipe IV, em 1640, firmasse uma Real Cédula, autorizando que o Vice-Rei de Lima outorgasse o uso de armas de fogo, se entendesse conveniente. Este, após muitas consultas, depoimentos e informes, promulgou uma Provisão, em 1646, concedendo a licença para o uso de armas de fogo pelos índios das Reduções.

Entretanto, já desde 1639 os Jesuítas vinham adquirindo armas para seus povos e até mesmo as fabricando nas Reduções.

O primeiro encontro, com armas de fogo de ambos os lados, ocorreu em Caazapá-guaçu, em 1639, sob a direção do novo Padre Superior das Missões, Diego de Alfaro, e sob o comando do cacique Nicolau Ñenguiru, quando os indígenas enfrentaram uma invasão bandeirante sob a chefia de Leite Paes.

Alfaro havia pedido socorro ao Governador do Paraguai que enviou um contingente de 60 soldados para auxiliar a defesa, permanecendo a alguma distância do local do combate. Prenunciando que o deslocamento dessa tropa ia tão lentamente, como que esperando o desfecho da derrota indígena para depois aparecer o Padre Alfaro partiu para o combate.

Não se há de esquecer que a derrota e destruição dos Jesuítas era do maior interesse dos espanhóis, em face da contrariedade a seus interesses que representavam as Reduções.

Leite Paes vinha comandando uma tropa de mamelucos e tupis, em busca de indígenas para escravizá-los e, registra a história, também em busca de uma índia fugitiva de rara beleza, que fora sua escrava e amante.

O Padre Alfaro foi morto em combate, mas os indígenas enfurecidos impuseram contundente derrota aos invasores, aprisionando Leite Paes, também ferido na batalha. Renderam-se 17 portugueses e um sem-número de tupis. Cerca de 2.000 indígenas que já haviam sido aprisionados pelos invasores, já sob grilhões, foram libertados.

Os prisioneiros foram entregues ao Governador, levados a Buenos Aires, de onde, depois de algum tempo, foram libertados e retornaram para São Paulo.

Este combate marcou o início da reação indígena e funcionou como um exercício preliminar para a grande batalha que se seguiria.

Em 1640, vieram notícias de que se armava uma poderosa Bandeira, que iria invadir as Missões, com o propósito de destruir definitivamente o trabalho dos Jesuítas e aprisionar os indígenas sobreviventes.

As Reduções prepararam-se para a defesa. Sob a orientação de padres e irmãos Jesuítas (Padres Altamirano, Mola e Ruyer e Irmãos Domingo de Torres, Pedro Bernal, Simon Mendez e Pedro Sadorni, entre outros) com alguma experiência militar, foram formadas as tropas de resistência, comandadas na via fluvial pelo Cacique Ignácio Abiaru e na parte terrestre pelo cacique Nicolau Ñenguiru.

Em princípios de 1641, concretizaram-se as notícias de iminente chegada dos mamelucos, que vinham com uma força de 450 portugueses, um número incerto de acompanhantes brancos, pretos e mulatos e cerca de 2.700 tupis, sendo que 250 com armas de fogo e o restante com suas armas naturais.

Os guaranis concentraram-se junto ao Rio Mbororé, afluente do Rio Uruguai. Assim, em fevereiro de 1641, desenrolou-se aquela que, certamente, terá sido a maior batalha naval da América do Sul. Se é verdade que outras batalhas fluviais e/ou marítimas foram travadas em águas sul-americanas, no curso da história, estas tinham por objetivo a defesa de predomínio econômico, de demonstração de força política, quando não a defesa de interesses pessoais ou de grupos, enquanto aquela, em Mbororé, era a batalha em defesa da sua liberdade, do seu torrão nativo e da sua cultura.

Os barcos guaranis foram equipados com anteparos de madeira, que os defendiam de flechas e tiros do inimigo, colocando-se em ação canhões fabricados com taquara grossa, revestidas de couro, que agüentavam três disparos e que tiveram um efeito moral e militar devastador. Com isso, surpreenderam os invasores que, apesar de sua superioridade numérica, pois contavam com 250 canoas grandes e um bom número de embarcações menores, contra 80 canoas dos guaranis, foram batidos.

Derrotados nas águas, os bandeirantes procuraram refugiar-se em terra, onde os aguardavam os contingentes chefiados por Ñenguiru.

As operações fluviais e terrestres duraram oito dias, até a derrota total e definitiva dos invasores.

A batalha de Mbororé marcou o início do fim das invasões bandeirantes.

Mais importante que a vitória militar, terá sido a vitória moral, porquanto os indígenas compreenderam que poderiam resistir e não mais serem escravizados como rebanho de ovelhas indefesas.

Depois de 1641, ainda houve incursões paulistas em território missioneiro, registrando-se novas tentativas em 1647, 1651, 1654 e a última em 1656, todas elas rechaçadas.

IX

A ÉPOCA ÁUREA DAS REDUÇÕES JESUÍTICAS DO PARAGUAI

A época áurea das Reduções que constituíram os trinta povos desenvolveu-se entre 1610, quando da fundação da primeira Redução, até 1767, que marcou a expulsão dos Jesuítas do Território Missioneiro.

Cada Redução era dirigida por um Cura, auxiliado por um Companheiro e, via de regra, com a participação de alguns Irmãos, que dominavam os diversos setores em ciências, artes e ofícios.

Aos Curas eram atribuídas não só a direção dos trabalhos religiosos, mas, também, tudo o que se referia aos aspectos temporal, econômico, cultural, social e militar. O Cura permanecia, comumente, de seis a sete anos à frente de uma Redução, todavia, alguns permaneceram por muito mais tempo.

Ao se retirarem os indígenas do Tape para a outra margem do Rio Uruguai, não deixaram de manter atividades no solo sul-rio-grandense, seja na coleta de erva-mate, seja nas atividades com o gado.

Ao se examinar a história das Missões, não raro enfrentamos alguma dificuldade em face de uma mesma denominação a Reduções diversas, em épocas diferentes e em regiões outras. Muitas vezes, o fato era decorrente das transmigrações de povos que iam estabelecer-se em outra região, levando o nome da Redução originária.

Boa parte dos retirantes de Guairá e do Tape veio a se situar na mesopotâmia Argentina-Paraguai. Das trinta e oito Missões fundadas e existentes ao se iniciar o ciclo das Bandeiras, somente subsistiram vinte.

Ainda, enquanto se desenvolvia o trabalho missioneiro no Guairá, eram fundadas algumas reduções no território formado entre os Rios Paraná e Uruguai. Assim, surgiram já antes de 1632, ano que marca o grande êxodo do Guairá, diversas Reduções que se vão estabilizar nos anos seguintes.

Quando nos referimos, hoje, às Reduções Missioneiras estamos reportando-nos, normalmente ao período de um século e meio, que vai de 1610 até expulsão dos Jesuítas, em 1767.

Junto ao rio Paraná e em ambas as margens do rio Uruguai floresceram as Reduções que constituíram o que alguns denominam de República Guarani, formada pelos aldeamentos dirigidos pelos Jesuítas.

O Censo de 1732 acusava nos Trinta Povos a presença de 9.000 famílias, com 141.252 almas.

Dos Trinta Povos missioneiros, quinze se localizavam no atual território da Argentina, oito no Paraguai e sete no Rio Grande do Sul.

Na *Argentina*, por ordem de fundação:

San Ignacio Mini — Fundada pelos Padres Cataldino e Masseta, em princípios de 1611, transmigrou em 1631 perseguida pelos bandeirantes.

Nesta Redução estão as ruínas que se constituem em atração turística, pela sua magnificência. No plano horizontal são as mais bem conservadas. Chegou a ter uma população de cerca de 4.500 almas.

Loreto — Também do mesmo ano da anterior, pelos mesmos fundadores. Nesta Redução faleceu o Padre Antônio Ruyz de Montoya, uma das personalidades mais marcantes da História dos Trinta Povos Missioneiros. Chegou a contar com mais de 6.000 habitantes. Em Loreto foi instalada a primeira impressora no território Missioneiro, em 1705.

Concepción — Fundada em 1619. Neste Povo foram guardados os restos mortais dos Três Mártires de Caaró. Chegou a contar com perto de 6.000 habitantes.

Corpus — Fundada em 1622, veio transmigrada em 1647, com fixação definitiva em 1701. Chegou a possuir mais de 5.000 habitantes.

Santa Maria La Mayor — Fundada em 1626, trasladou-se em 1633. Contou com mais de 3.500 habitantes. Boa produtora de lã, algodão e erva. Nesta Redução o Padre Buenaventura Suarez construiu seu observatório astronômico, do qual somente as lentes foram importadas.

Yapeyú — Nuestra Señora de Yapeyú — Fundada em 1626. Chegou a ter 7.000 habitantes. Esta Redução possuiu as maiores propriedades rurais.

Candelária — Fundada em 1627. Também transmigrada de terras paraguaias em 1637, fixando-se definitivamente em 1665. Veio a ser considerada a capital das Reduções, atingindo 7.000 habitantes, pois nela se instalou a sede provincial Jesuítica Missioneira. Sua biblioteca contava com 4.725 volumes e foi sede dos Armazéns-Gerais missioneiros. Uma terrível peste, em 1630, causou-lhe mais de mil vítimas.

La Cruz — Santa Cruz — Fundada em 1628, mais ao sul, terminando por emigrar para o local definitivo em 1657. Foi uma Redução próspera. Contava com 32.000 cabeças de gado vacum e 27.000 ovelhas. Colhia anualmente 2.000

arrobas de algodão e 1.200 arrobas de erva-mate. Contava com um pomar com 5.000 árvores frutíferas. Chegou a ter mais de 4.300 habitantes.

San Javier — Fundada em 1629. Contou com mais de 5.000 habitantes. Nela funcionou umas das impressoras instaladas em território Missioneiro. Seus três ervais tinham mais de 50.000 plantas.

San Carlos de Borromeo. Fundada em 1631. Também acossada pelos Bandeirantes, teve de transmigrar em 1638. Sua população chegou a ultrapassar os 5.300 habitantes. Manteve boa situação econômica. Seu rebanho atingiu 25.000 cabeças de gado vacum e 4.500 ovelhas. Fabricou açúcar e colheu boa produção de trigo.

San Tomé ou *Santo Tomás Apóstol*. Fundada em 1632, sob ameaça dos Bandeirantes, mudou sua sede em 1639. Sua população chegou a 3.500 habitantes.

Santa Ana — Fundada em 1633. Fugindo dos Bandeirantes, estabeleceu-se em nova sede, em 1638, fixando-se definitivamente em 1660. Chegou a ter perto de 5.000 habitantes.

Apóstoles — Foi fundada em 1633 na Serra do Tape, trasladando-se para o local definitivo em 1638. Quando da expulsão dos Jesuítas em 1768, permaneceu nesta Redução o único Jesuíta não expulso, o Padre Sigismundo Aperger, porque nonagenário, estava incapacitado para se movimentar. Chegou a ter mais de 5.000 habitantes.

San José — Também originariamente fundada na Serra do Tape, em 1633, mudou sua sede em 1638 e, outra vez, definitivamente, em 1660. Sua população chegou a contar com 3.600 habitantes.

Mártires — *Santos Mártires del Japón* — Fundada em 1639. Transferiu sua sede em 1704. Chegou a ter perto de 3.700 habitantes; quando da expulsão dos Jesuítas, eram apenas 1.882. Manteve boa produção agrícola e extrativista em seus sete ervais, treze algodoais, três trigais e duas lavouras de cana-de-açúcar.

As Reduções no *Paraguai* foram:

San Ignácio Guazú, de 1610. Em 1628, trasladou-se para outro local e, novamente, em 1667, se fixou no local definitivo. Chegou a contar com 3.000 habitantes. Foi sua população muito atingida por uma peste.

Itapuá — *Nuestra Señora de la Encarnación de Itapuá*, de 1615. Possuiu bom número de gado, mais de 40.000 vacuns e 7.500 ovelhas, quatro algodoais, quatro ervais com 36.000 árvores. Sua população chegou a 6.400 habitantes. Também as pestes reduziram consideravelmente sua população.

San Cosme y San Damián, de 1632 — Fundada primitivamente na Serra do Tape, depois trasladada para solo argentino e, finalmente, sediando-se no território paraguaio em 1760. Sua população chegou a 3.350 habitantes. Seu erval contava com 23.000 árvores.

Santa Maria de la Fe — Nuestra Señora de la Fe, de 1647. Teve inicialmente muitas dificuldades em sobreviver. Sua população chegou a 4.300 habitantes. Produziu algodoais, ervais, lavouras de cana-de-açúcar e trigo.

Santiago, de 1651 — Denominada inicialmente Caaguazú. Destruída pelos Bandeirantes, foi com os remanescentes refundada com o nome de San Ignácio de Caaguazú. Finalmente, em 1669 trasladou-se para a sede definitiva, mudando o nome para Santiago. Chegou a ter 4.000 habitantes.

Sua estância possuía 23.000 cabeças de gado vacum, mais de 2.500 éguas, 940 cavalos e 700 mulas. Produzia trigo, batatas, milho, mandioca, além das plantações de erva e algodão.

Jesus, de 1685 — Da sede primitiva foi trasladada a Redução em 1691. Conserva ruínas de sua esplêndida Igreja e algumas casas de indígenas. Sua população não foi muito numerosa, chegando a 2.500 habitantes.

Santa Rosa de Lima, de 1698 — Estabeleceu-se com famílias provindas da Redução de Nuestra Señora de la Fe. Chegou a contar com 4.000 almas.

Santísima Trinidad, de 1706 — Resultou de desmembramento da Redução de S. Carlos, fundada em 1631. Sua população chegou a 3.600 habitantes. Explorou, entre outras plantações, três canaviais.

Alguns dados sobre cada uma dessas vinte e três Reduções, em territórios hoje Argentina e Paraguai, alertam-nos sobre os problemas de manter trabalho para todos os habitantes, salvo menores de 7 anos e enfermos ou inválidos e, ao mesmo tempo, promover a distribuição da mão-de-obra para atendimento de todas as suas atividades, em busca da subsistência e auto-sustentabilidade.

A organização política e administrativa de cada Redução previa a existência e funcionamento de um *Cabildo*, instituição espanhola de um Conselho Municipal e se apresentava dentro de um esquema comum a todos os povos e aprovado pelas autoridades da Coroa. O chefe do *cabildo* era o Corregedor, eleito em 1º de janeiro, com mandato de três anos, e que se constituía na maior autoridade civil dentro da Redução.

Na língua guarani, denominavam-no "paroquaitara", significando "aquele que manda fazer o que deve ser feito".

Os demais membros do *Cabildo* eram eleitos anualmente, por aqueles cujo mandato já terminara, sob a supervisão do Cura.

O *Cabildo* era formado, além do Corregedor, a autoridade maior, por dois alcaides-mores, um tenente de corregedor, um alferes real (o que cuida do estandarte), quatro regedores (seriam os representantes do povo, para proteger os interesses locais), um aguazil-mor (o que conduz a vara e cumpre as ordens judiciais), um ou dois alcaides de Irmandade, um mordomo (encarregado dos bens e propriedades da Redução), um procurador e um escrivão (o que escreve).

Numa segunda faixa, subordinados ao *Cabildo*, estavam o Mestre de Música, os Alcaides de ofícios, que controlavam as associações profissionais, estabelecendo a regulamentação de cada ofício e fiscalizando as oficinas, os Alcaides de mulheres e jovens e o Sacristão, encarregado dos cuidados da Igreja.

A eleição, dirigida pelo padre, era realizada no primeiro dia do ano e os eleitos assumiam *ad referendum* do Governador. A relação dos eleitos era enviada ao Governador para a aprovação.

Por disposição real, os componentes do *Cabildo* tinham direito ao título de Dom e estavam isentos do pagamento de tributo, prerrogativa extensiva a todos os caciques.

A composição do *Cabildo* variou no decorrer do tempo, e com adaptações para atender às circunstâncias de determinadas Reduções.

A posse se dava em 1º de janeiro, com grandes pompas e festividades, quando o Corregedor recebia o bastão, símbolo de sua autoridade, o mordomo recebia as chaves dos armazéns, o sacristão recebia as chaves da Igreja, e os demais as suas insígnias.

Ainda que, em tese, a eleição pelo *cabildo* retirante fosse livre, na prática sofria a orientação direta dos padres que deveriam aprovar o nome dos escolhidos.

Além das atribuições dos membros do *Cabildo*, algumas funções e atividades especiais estavam devidamente organizadas. Por exemplo, os enfermeiros, os "curuzuiás", que atendiam os enfermos, não eram designados para os trabalhos agrícolas e, geralmente, sob a orientação dos padres, aplicavam a medicina natural, extraída das plantas, que se constituíam em eficiente farmacopéia. Também os guardas-noturnos, que faziam a ronda em três turnos, das 21 às 24 horas, das 24 às 3 horas e das 3 às 6 horas, dando conta da segurança e ordem na comunidade.

Em 1689, foi expedido o Regulamento Geral às Reduções, enviado pelo Provincial Padre Tomás Donvidas e aprovado pelo Superior Geral Padre Tirso.

Trata-se este Regulamento de um verdadeiro Código de Conduta a ser obedecido pelos padres na condução de suas respectivas Reduções, inclusive em seus relacionamentos com outras Reduções.

Em 58 artigos, o Regulamento dispõe de normas que regeriam quase todos os setores das atividades na Redução.

Especificamente sobre o trabalho, encontramos algumas disposições:

— Não se obrigue a trabalhar aos índios, ainda que seja de pouca idade, nos dias que são de festa para os espanhóis.

— Aos meninos da Doutrina se lhes dê licença para ir com seus pais às chácaras, em tempo de capina e colheita do milho.

— O beneficiamento da erva se acabará por todo o mês de abril, pelo dano que ocasiona o frio aos índios.

— Aos tecelões se lhes pague por seu trabalho, por cada peça que chegar ou passar de 150 varas, quatro varas de tecido. (vara: medida equivalente a 1,10 m)

— Aos índios que trabalham em outros povos, ou vão fazer decorações de altares, ou coisa semelhante, somente será obrigado o povo que pediu a tal oficial, a pagar pelo seu trabalho a ele e sua família que deve ter consigo. Mas, se o dito oficial fizer tanta falta em seu povo, que por sua ausência perde o povo notável proveito, poderá o Padre Superior estabelecer alguma recompensa que pague o povo em cuja obra se ocupe aquele de onde veio, segundo maior ou menor for o proveito que perde seu povo por sua ausência.

O texto do Regulamento vai em sua integralidade em apêndice, pois é uma peça valiosa na história dos textos normativos que regeram uma parcela de nossa sociedade, como tal considerando os Sete Povos em território agora Brasil.

Ressalte-se que, inexistindo circulação de moeda, os pagamentos eventualmente efetuados a indígenas, ou, como no caso, a outra Redução, eram por meio de produtos, retirados do Tupanbaé.

As Reduções no *território sul-rio-grandense* foram em número de sete.

Os Sete Povos no Território Rio-Grandense

São Nicolau

Fundada pelo Padre Roque Gonzalez de Santa Cruz, em 3 de maio de 1626, com 280 famílias de indígenas, o nome prestava uma homenagem ao Papa Nicolau (858-867).

Enfrentaram os aldeados grandes dificuldades desde o início. Primeiro, viram-se diante de uma reação de indígenas não convertidos, liderados pelo feiticeiro Nheçu.

Em 1634, foi iniciada a construção da Igreja, sob a direção do Irmão Bartolomeu Cardenosa, renomado arquiteto jesuíta.

Depois, em 1637, diante da ameaça escravagista dos bandeirantes paulistas, o Povo de S. Nicolau viu-se obrigado a emigrar para o lado oeste do Rio Uruguai.

Lá, em 1638, enfrentaram um devastador furacão que destruiu o povoado. No ano seguinte, um grande incêndio terminou por destruir quase tudo o que sobrara e o que estava sendo reconstruído.

Somente em 1687 um contingente de mais de 3.000 índios retornou à margem leste do Rio Uruguai, refundando a Redução de S. Nicolau, alguns quilômetros distante do núcleo primitivo, em local mais propício ao seu desenvolvimento. Dados de 1732 acusam a existência de cerca de 700 casas, com 7.751 habitantes. O cultivo do algodão e a tecelagem constituíram sua principal atividade econômica.

Dos Sete Povos, somente S. Nicolau não possuiu uma estância própria. Utilizou-se, por algum tempo, de 1/3 da Estância de S. Borja.

São Nicolau foi a Redução que ofereceu maior resistência para a transmigração ordenada pelo Tratado de 1750.

São Miguel Arcanjo

Fundada em 1632, pelo Padre Cristóbal de Mendonza, martirizado em 1635 com mais dois companheiros. Inicialmente, o povoado se localizava no Tape, região central do Rio Grande do Sul, nas proximidades da hoje cidade de Santa Maria.

Em face das constantes ameaças dos mamelucos, na caça de indígenas a serem conduzidos como escravos para São Paulo, os dirigentes do aldeamento resolveram, em 1638, transferir as famílias indígenas para a outra banda do Rio Uruguai, tendo sido localizados os cerca de 3.400 habitantes para as imediações de Concepción. Pouca sorte tiveram os miguelistas, pois em 1642 a nova aldeia foi destruída por um vendaval. Reconstruída, ali permaneceram até 1675, quando foi decidida a transmigração para a margem esquerda do Rio Uruguai, para onde foram transferidas mais de 4.000 almas. Motivou a transferência especialmente o esgotamento das terras destinadas à agricultura, capazes de manter a subsistência de cerca de centenas de famílias.

A nova sede desenvolveu-se extraordinariamente, vindo a constituir-se numa espécie de capital das Reduções da margem esquerda do Rio Uruguai. A cidade chegou a contar com 1.500 casas, e mais de 7.000 habitantes.

As majestosas ruínas de seu templo foram consideradas Patrimônio Cultural da Humanidade, pela UNESCO, em 1983.

Esta igreja realmente se constituiu num monumento arquitetônico de primeira grandeza. Foi construída pelo Irmão Leigo dos Jesuítas, Giovanni Primoli, milanês, que trabalhara na Catedral de Córdoba. Levou 9 anos na obra, ajudado por cerca de 80 a 100 índios. Media 73 metros de extensão, por 27 metros de largura, algumas paredes externas tinham 3 metros de largura. Contava com três naves e cinco altares, finamente ornamentados com estatuária e pinturas. Em S. Miguel situa-se a célebre Cruz Missioneira, talhada em pedra, com travessa dupla. Os sinos da Igreja teriam sido fundidos na própria Redução.

Em S. Miguel viveu um índio extremamente talentoso, Inácio Paíca, fabricante exímio de instrumentos musicais e armas, ferreiro, funileiro fundidor, enfim, um homem dos sete-instrumentos, tornando-se célebre na história Missioneira.

Expulsos os Jesuítas, os espanhóis estabeleceram a sede de seu comando militar em S. Miguel, até serem expulsos pelo jovem contrabandista e aventureiro Borges do Canto, o qual, com um grupo de 40 homens brancos e 300 índios, os rendeu, encerrando o ciclo espanhol no território missioneiro sul-rio-grandense.

Hoje, o espetáculo de Luz e Som, junto às ruínas da Igreja, é um dos eventos turísticos mais importantes do Rio Grande do Sul, ao qual acorrem turistas de todos os quadrantes.

São Francisco de Borja

É a Redução situada mais ao sul dos Sete Povos. A história de sua fundação é controvertida, sendo mais aceita a tese de que teria sido em 1682, pelo Padre Francisco Garcia de Prada; originária da antiga Redução de S. Tomé.

Foi localizada na margem oposta do Rio Uruguai, ao Povo de S. Tomé, que lhe devia prestar apoio.

Nesta redução desenvolveu suas atividades o Irmão Leigo José Brazanelli, escultor de notável talento, denominado o “Miguel Angelo das Missões”. De sua lavra, e dos discípulos indígenas, ensinados e orientados por ele, surgiu boa parte da estatuária Missioneira. Muitas obras desapareceram com os saques de que foi vítima a região ao correr dos tempos, como desapareceu, também, uma lâmpada de prata maciça, pesando duas arrobas e meia (37,5 kg), que ornava a catedral.

Pouco restou da antiga Redução, no que tange à sua arquitetura, monumentos ou patrimônio artístico.

S. Borja constituiu-se em cenário de diversos episódios históricos. Assim, concluída a Guerra Guaranítica, foi instalado em S. Borja um Tribunal, do Poder Colonial Espanhol, presidido pelo Marquês de Valdelírios, para investigar e julgar a atuação dos jesuítas na resistência indígena à execução do Tratado de Madri, de 1750.

Posteriormente, no mesmo local, foram reunidos os caciques sobreviventes dos Sete Povos para deles obterem os espanhóis um compromisso de submissão.

A história moderna registra S. Borja como berço de dois Presidentes da República, Getúlio Vargas e João Goulart.

São Luiz Gonzaga

Fundada em 1687, pelo Padre Miguel Fernandez. Em recenseamento realizado pelos Jesuítas em 1732, a Redução contava com uma população de 6.182 indígenas.

Inicialmente a Redução era formada por imigrantes da zona de Concepción, posteriormente recebeu, também, transmigrados do Guairá e do Tape.

Esta Redução também foi dotada de uma imponente Igreja, com 66 metros de comprimento por 22 metros de largura.

Possuía esta Redução um erval com 40.000 pés e seu Colégio era o maior dos Sete Povos.

Na história moderna, S. Luiz Gonzaga registra o início, em sua sede, da Coluna Prestes, comandada por Luiz Carlos Prestes.

São Lourenço

Fundada em 1690 pelo Padre Bernardo de la Veja, resultando da divisão da Redução de Santa Maria Maior. A nova Redução também chegou a acusar mais de 6.000 habitantes. Nas proximidades de sua sede, situava-se a antiga Redução de Caaró, (hoje município de Caibaté). S. Lourenço destacava-se pelas atividades artísticas, com inúmeros músicos, pintores e escultores, discípulos do Irmão Leigo Luiz Vergel, renomado artista da época.

São João Batista

Sua fundação pelo Padre Antônio Sepp, em 1697, decorreu de um desmembramento da Redução de S. Miguel, que acusava uma superpopulação, considerando-se as necessidades de então para a subsistência de todos os habitantes, tais como ensino e assistência.

Vinte e um caciques que lideravam 150 famílias acompanharam o Padre Sepp na transferência de S. Miguel para a nova povoação, não muito distante.

Num primeiro momento, somente os homens foram transferidos, vindo as famílias alguns meses depois, uma vez asseguradas as condições mínimas de moradia e subsistência.

Tijolos e telhas foram fabricados no local, para as casas dos índios, para 700 famílias e à bela Igreja que foi construída. Três fornos coziam 4.000 telhas cada um. No local restam alguns vestígios das antigas construções.

São João merece um destaque especial, em consideração à primeira fundição de ferro, no sul do Brasil e no território que abrangia a Província do Paraguai, que sediou as Reduções Missioneiras na Argentina, Brasil e Paraguai. O Padre Antônio Sepp fundiu ferro extraído de uma pedra, comum na região, chamada pedra-cupim, ou pedra-formiga (em outras regiões do Brasil, pedra-ferro), e os índios denominavam-na "itacuru". O cultivo do algodão foi outro dos destaques desta Redução.

Sendo o Padre Antônio Sepp notável musicista, desenvolveu sobremodo o talento dos guaranis da Redução nas atividades musicais.

Em São João, havia um relógio fabricado na Redução, em que os doze apóstolos apareciam sucessivamente, a cada uma das doze batidas do meio-dia.

Santo Ângelo Custódio

Última das sete Reduções em território sul-rio-grandense. Fundada em 1706 entre os Rios Ijuí Grande e Ijuizinho e trasladada no ano seguinte, 1707, para o local onde hoje se situa a cidade de Santo Ângelo pelo Padre Diego Haze. Sua primitiva população era oriunda em grande parte de indígenas provenientes de Concepción, então superpovoada.

A exploração da erva-mate constituiu um dos mais sólidos alicerces de sua economia. No inventário, quando da expulsão dos Jesuítas, constavam 19 ervais de sua propriedade.

Detalhe interessante é que as outras seis Reduções tinham suas igrejas com a porta aberta para o norte, enquanto a de S. Ângelo estava dirigida para o sul, significando que esta encerraria o ciclo das novas Reduções na região, como efetivamente encerrou.

Desenvolveram-se em Santo Ângelo, também, excelentes pintores e escultores. Seu Colégio abrigava cerca de 900 meninos, que apreendiam a ler, escrever e fazer contas.

Além das regiões já mencionadas, desenvolveram os Jesuítas, também, trabalhos missionários junto aos índios Chiquitos, na Bolívia, com os índios abipones, mocovíes e mbaayás no Chaco, e Itatim (hoje território do Estado de Mato Grosso do Sul), Moxos, na Bolívia, sem que estes trabalhos tivessem alcançado o esplendor dos Trinta Povos Guaranis antes referidos.

Em que pese o êxito alcançado com as Reduções, os Jesuítas sempre enfrentaram dificuldades internas com os espanhóis.

A prosperidade e a estabilidade econômica das Reduções, em comparação com o resto das povoações rio-platenses, estimulavam reações de indisfarçável inveja entre os europeus e *criollos* que povoavam o território. A perda da mão-de-obra aos encomendeiros, que tinham na mão-de-obra dos índios encomendados o sustentáculo da sua produção agrícola e extrativista; a permissão de os guaranis receberem armas de fogo; as suspeitas despertadas pela presença de padres não espanhóis; a atribuição de riquezas aos Jesuítas, provenientes de secretas minas de ouro e prata na região; a isenção tributária deferida inicialmente a todos os índios e, posteriormente, mantida para a elite dos cacicados — tudo isso, sucessiva ou concomitantemente, serviu de alimento a uma constante malquerença voltada aos Padres Jesuítas e suas Reduções, ao que se há de acrescentar diferenças com sacerdotes de outras Ordens Religiosas e Seculares e episódios políticos que repercutiram sobre as Missões Guaranis, como, por exemplo, a questão provocada pelo Bispo Frei Bernardino de Cárdenas e outro decorrente do movimento comuneiro de Antequera. Ambos tentaram expulsar os Jesuítas da Região.

Era difícil para os europeus e *criollos* entenderem como um agrupamento de índios, considerados broncos e rudes, poderia viver sem curso de dinheiro e desenvolvendo uma tecnologia agropastoril, artística e artesanal, superior à deles, e que lhes asseguravam o auto-sustento e um sistema de proteção diante das necessidades, que eles, europeus e *criollos,* não obtinham. Isso somente poderia ser atribuído às imensas riquezas dos Padres Jesuítas, obtidas de minas de ouro e prata, secretas, existentes em seus domínios.

A tensão com a jurisdição civil sobre o território missioneiro registrou um alívio somente em 1726, quando a jurisdição civil sobre as Missões Guaranis foi transferida de Assunção para Buenos Aires.

Vale assinalar que, enquanto se solidificava o projeto Missioneiro no plano interno, no plano externo, em boa parte do século e meio que marca sua presença na Região, os Jesuítas enfrentaram inúmeras dificuldades. Dificuldades que se refletiram, em última análise, sobre a vida dos indígenas, que, a final, viram destruídos o seu trabalho, as suas esperanças, a sua história e a sua dignidade.

As Reduções eram construídas mediante um plano mais ou menos uniforme. Ao centro ficava a praça, centro da vida social da comunidade, via de regra com 150 a 250 metros de lado. Ficava defronte da Igreja. Em volta da praça, ficavam o colégio, as oficinas, a casa dos padres (onde era proibida a entrada de mulheres), a casa das viúvas e órfãs (o cotiguaçu), e edifícios públicos, como a sede do *Cabildo*, a cadeia, o depósito de armas e munições, o hospital. O cemitério ficava ao lado da Igreja. As ruas em linha reta, com 18 metros de largura. As casas dos índios vinham depois, em filas, inicialmente eram construídas de barro e palha, passando a ser substituídas por construções de pedras e cobertas de telhas de barro. As casas eram constituídas de uma peça única, na qual os índios estendiam seus couros de boi ou esteiras no chão ou penduravam suas redes para dormir, e espaço para os objetos indispensáveis à vida diária em comum.

As casas dos índios evoluíram da choupana de palha para construções de tijolos de adobe (barro amassado, enfornado e secado ao sol), com telhas de barro queimado, constituíam-se em blocos de casas geminadas com seis a oito salas quadradas de 5x5 ou 6x6 metros, abrigando, cada uma, uma família.

Os quarteirões eram circundados por um alpendre, uma varanda aberta, sustentado por colunas de pedra, que serviam para proteção das intempéries.

Na periferia, um pouco mais distante, estavam o matadouro, a olaria, a serraria onde se desbastavam os troncos e se trabalhavam as tábuas, barrotes, etc., destinados à carpintaria.

Também na periferia se situava o tambo, a hospedaria para eventuais transeuntes estranhos à Redução. Costumavam ser tolerantes com mercadores e viajeiros que eventualmente transitavam junto ao povo, podendo permanecer até três dias.

Em algumas das ruínas, era possível observar a existência de um sistema de cloacas e latrinas que permitiam o escoamento dos dejetos, a partir do uso da água das chuvas, até determinados pontos da periferia dos pontos urbanos.

Em outras Reduções, as casas dos índios formavam bairros, sob a chefia de alguns caciques. Às vezes, a formação dos bairros decorria da procedência das famílias, oriundas de outras Reduções. A planificação urbana visava a um projeto sociocultural, político e religioso.

A população de cada um dos trinta povos variava de mil a pouco mais de sete mil habitantes. A sede da Redução era fixada após minucioso estudo sobre as condições físicas e climáticas da região. Presença de água, áreas de pesca e caça e terras agricultáveis eram fatores preponderantes na nova fixação. E os índios costumavam participar desses trabalhos e orientar quanto à melhor localização para uma nova Redução.

Diversos outros fatores influíram na localização das povoações a serem fundadas: a fertilidade da terra, facilidades de defesa e de comunicação, salubridade, presença de pedreiras ou barro qualificado para o fabrico de telhas e tijolos, enfim, um sem-número de detalhes, na apreciação dos quais os próprios índios tinham os melhores pareceres. A promoção humana ficava muito na dependência da excelência das condições físicas da Redução.

Acusou-se os Jesuítas de terem (ou pelo menos tentado) constituído um Estado independente, ou seja, um Estado dentro de um Estado. Para alguns, a constituição de uma República Guarani.

Na verdade, o que parece certo é que as Reduções estavam sob duas jurisdições diferentes: uma jurisdição civil regulada pelas normas advindas da Corte e pela Ley de las Indias (considerava-se a América como parte integrante da Índia) com estrutura administrativa vertical, desde o Rei até o Governador do território e, por outro lado, subordinadas à jurisdição religiosa, na ordem hierárquica que vinha do Papado ao Provincial Jesuíta. Esta dupla subordinação, ao que consta, sempre foi observada no século e meio de sua atuação. O fato de que se obtivera o afastamento do elemento local, europeus e *criollos*, das Reduções e de que a administração civil interna era dirigida pelo padre não desnaturam sua integração na estrutura de Estado de Espanha.

A educação das crianças indígenas começava sob orientação dos pais, no treino com arco e flecha, para aprenderem a caçar, pescar e defender-se de eventuais inimigos.

Foram presentes e atuantes nas Reduções as Congregações Religiosas, com seus encontros, suas procissões, suas festas, seu trabalho, nas quais se destacaram diversas dessas agremiações de cunho religioso. O mesmo ocorreu no Brasil. Constituía uma honraria pertencer a uma Congregação determinada. Dentre as mais destacadas, ficaram registradas as Congregações de S. Miguel Arcanjo, de Nossa Senhora e da Boa Morte, responsável, esta última, pela organização e celebração dos atos fúnebres.

O sistema Judiciário era simples. Os pequenos pleitos eram julgados pelo Cura ou pelo *Cabildo*, com execução imediata da decisão.

Nos pleitos mais complexos entre índios, entre índios e Cura, ou entre povos, cabia recurso para os Juízes de pleitos dois órgãos, formados por quatro padres cada um, com jurisdição para as Reduções junto ao Paraná, e para as situadas junto ao Rio Uruguai.

X

O TRABALHO NO SISTEMA ECONÔMICO DAS MISSÕES

a) Considerações preliminares

Um enfoque socioeconômico sobre as Reduções Guaranis é indispensável para um conhecimento mais completo sobre o seu significado na História da Humanidade, e a análise do trabalho nas Reduções é a pedra de toque de toda essa estrutura socio-econômica.

As relações de trabalho constituem o epicentro de toda a organização desenvolvida por século e meio nos Trinta Povos.

As análises dos estudiosos das Missões Jesuíticas na Província do Paraguai estão circunscritas mais aos aspectos histórico-cronológicos, religiosos e políticos. Em menor número os estudos se têm dedicado aos aspectos jurídicos e sociológicos, considerando especialmente o desenvolvimento das relações da família e parentesco dos indígenas reduzidos, bem como sobre as relações do trabalho, área na qual se entrelaçam causas e efeitos de naturezas econômica, sociológica e política.

"Comerás o pão com o suor de teu rosto" terá sido a ordem divina determinante da conjugação das idéias de trabalho com a pena, ou melhor, com o castigo.

Da escravidão na Antigüidade, passando pela servidão na Idade Medieval, com a sua variante representada pelas corporações de ofício, chegamos ao aluguel da força de trabalho por meio de um salário, na Idade Moderna, geralmente insatisfatório para um mínimo de sobrevivência digna e dependente de condições cruéis na prestação do serviço, seja pela insegurança, seja pela jornada excessiva, seja pela exploração do trabalho feminino e do menor.

Nas Reduções Jesuíticas, alcançou-se um sistema *suigeneris*, que não se enquadra nos modelos precedentes. Baseado num projeto de solidariedade pessoal e igualdade econômica de todos os componentes da Comunidade, inovava-se profundamente do que fora e do que era vigente.

A disposição dos excedentes da produção, revertendo em benefício da coletividade, lembra um início de sistema cooperativo.

A inexistência de minas de prata e ouro na região deslocou o interesse dos povoadores para o setor agrícola, para o qual necessitavam de mão-de-obra abundante. Foram buscá-la, europeus e *criollos*, no braço indígena.

E a organização do trabalho entre os colonos foi a geratriz de perenes conflitos com os Jesuítas que projetavam uma relação de trabalho diferente para os indígenas reduzidos.

Talvez o traço mais característico e importante dos Jesuítas tenha sido exatamente o enfoque dado ao problema econômico da subsistência, por meio de um novo sistema de trabalho, como alicerce para qualquer êxito religioso a que se propunham.

Os guaranis traziam, em relação à terra, a idéia da apropriação coletiva em benefício de todos.

Da primeira observação sobre o trabalho nas Reduções Missioneiras, ressalta-se o esforço de seus idealizadores no sentido de adaptação do regime laboral às características dos seres humanos que constituíam aquela determinada comunidade, tornando o trabalho extensivo a todos, mas o menos penoso possível. E isso importava:

a) na adaptação das tarefas a serem cumpridas às condições pessoais de cada um : homens, mulheres, crianças;

b) a fixação de uma jornada de trabalho que não excedesse as características físicas e psicológicas da pessoa;

c) o desenvolvimento de uma consciência coletiva de objeção à ociosidade, adotando cada um a idéia de que o trabalho desenvolvido representava o bem comum, indispensável à subsistência.

O trabalho deveria ser, e foi, sério e disciplinado, sem o que não teria condições de êxito o programa de subsistência auto-sustentável.

Deveria ser mantida a tradição cultural guarani no sentido de que ninguém pensaria em explorar o trabalho alheio em benefício próprio.

Na realidade, as relações de trabalho nas Reduções Jesuíticas constituíram-se numa experiência *suigeneris,* à margem dos três sistemas tradicionais: escravidão, servidão e trabalho assalariado.

Interessante notar que o fim social da propriedade, uma das conquistas mais decantadas do direito moderno, elevado hoje a nível constitucional, era a pedra de toque de toda a estrutura econômico-social.

O índio Guarani somente conhecia o presente. O futuro não entrava em suas cogitações, assim sendo, nenhuma preocupação havia em amealhar bens ou riqueza.

Pode-se imaginar a dificuldade que tiveram os Jesuítas em estabelecer um sistema econômico-social que permitisse a instituição e continuidade das Reduções, que abrigavam algumas, em determinado período, mais de sete mil almas, tendo por base o absoluto desprendimento dos indivíduos por bens materiais, além do indispensável para sobreviver "hoje".

Na formatação da estrutura econômica da Redução, importante foi a relação estabelecida entre os padres dirigentes e o cacicado.

O cacicado constituía a elite de cada povo.

Cada cacique tinha sob sua direção normalmente de trinta a cem índios, com suas respectivas famílias, que lhe prestavam obediência, respeito, auxiliando-o nas plantações e serviços em geral da comunidade. Estavam os caciques isentos do pagamento de tributo à Coroa e não recebiam tributo de seu grupo. A distribuição das terras, para a plantação das economias familiares, era efetuada pelos caciques.

Desde logo, compreenderam os padres que somente uma sólida estrutura de sobrevivência, com produção de alimentos assegurada, poderia lograr êxito na difícil empreitada. E para isso era necessário o aproveitamento do modo cooperativo de produção – potirõ – e a economia de reciprocidade – jopói –, sedimentadas na sua cultura nativa.

O modo cooperativo de produção e a economia de reciprocidade, ainda que de forma incipiente, já estavam presentes na cultura guarani, anteriormente às Reduções, e foram aproveitados pelos Jesuítas ao formatarem o seu projeto de civilização para os indígenas. Uma produção agrícola perene tornava-se indispensável para manter o aldeamento.

A base de uma economia agropastoril-extrativista bem-ordenada foi a fórmula utilizada para assegurar o êxito de um projeto de auto-sustento.

Na fase pré-reducional, o guaranis exerciam uma rudimentar agricultura de subsistência, mantendo especialmente roças de mandioca e milho. Dedicavam-se a pequenas culturas, sem maiores preocupações de produtividade ou mesmo de colher sua produção, além das necessidades imediatas.

Não raro deixavam de efetuar as colheitas, deteriorando-se os produtos nas roças, ou presenteavam os amigos, com produtos colhidos, resultando sem o mínimo de sobrevivência futura.

Vencer a ojeriza que os indígenas devotavam ao trabalho teria sido um dos primeiros e maiores obstáculos a serem vencidos pelos Jesuítas.

Procurando uma explicação para o extraordinário desenvolvimento das Reduções, *Furlong* sintetizou a resposta numa expressão simples, direta e objetiva:

> "Os Jesuítas começaram por penetrar na psicologia do índio e, longe de adaptar os indígenas aos métodos europeus, adaptaram os métodos que haviam aprendido no velho mundo à idiossincrasia dos índios."

Já de início foram instituídas duas áreas agricultáveis distintas , o "Abambaé", ou o campo do índio ou da família, e o "Tupambaé", o campo de Deus ou da comunidade.

O primeiro consistia num trato de terra destinado a cada família para cultivo. Pretendia-se que com esta área o índio obtivesse produtos agrícolas para sustento de seus familiares, até a colheita seguinte, além da obtenção de sementes para a futura semeadura.

Sobre esta área o índio não tinha a propriedade da terra, pois esta era de domínio da coletividade, mas, sim, o seu uso exclusivo. Como o índio guarani gostava muito das atividades coletivas, muitas vezes em sua área eram efetuadas em forma de mutirão, com vizinhos e amigos, ao som de cantos e música. No seu abambaé o índio trabalhava, geralmente, três dias por semana. Os animais para o trabalho agrícola também eram da coletividade, recolhidos ao curral da Redução e retirados de acordo com as necessidades de cada dia.

Dada sua inata indisposição para o trabalho, ficavam os índios sob constante vigilância dos caciques e dos padres, para que não deixassem de cumprir suas obrigações no trato da fração familiar, sujeitos a castigos e penalização por infração ao dever do trabalho.

Nada impedia que o indivíduo produzisse além das necessidades familiares, obtendo um patrimônio individual, decorrente da sua colheita. Todavia, parece que essas situações foram bastante raras, dadas a inoperância laboral e a inapetência para obtenção de bens materiais, além dos objetos imprescindíveis para sua vida do dia-a-dia, como a rede para dormir, os arcos e flechas, o porongo para buscar água e algum vasilhame de barro. Laboravam as famílias no Abambaé três dias por semana.

Já o Tupambaé, o campo de Deus, foi uma feliz e inteligente instituição estabelecida pelos Jesuítas, inspirada em experiência incaica, para assegurar a subsistência da comunidade. Nele, os índios também trabalhavam, via de regra, dois ou três dias por semana. Estavam dispensados do trabalho na lavoura da comunidade os chefes das oficinas, pois dedicados a inúmeros ofícios. A produção era armazenada nos depósitos do tupambaé, e deles retirados os produtos para serem alcançados às famílias, caso o produto de seu abambaé não resistisse até a colheita seguinte —

considerando-se o fato de que o índio não estava acostumado a guardar a colheita para consumo parcelado, com previsão para determinado período de tempo — também como produtos para a manutenção do cotiguaçu, do hospital, da escola, do sustento de índios que não atuariam na faina agrícola, como os enfermeiros, por exemplo, ao socorro dos necessitados, para os pagamentos ou prêmios destinados a trabalhos especiais realizados pelos índios e os estoques a serem negociados pelos padres, em Assunção ou, especialmente, em Santa Fé e Buenos Aires, donde sairiam os recursos para o pagamento dos tributos devidos à Coroa, e à aquisição de produtos necessários, não disponíveis pela produção local, como o sal, ferramentas, objetos de adorno das Igrejas.

No tupambaé eram armazenados também os produtos colhidos pelos índios, no seu trato de terra familiar, entregues conforme suas necessidades, evitando-se, assim, o desperdício e o consumo desenfreado decorrente de sua glutonia.

Alguns críticos do sistema reducional jesuítico procuraram igualar a obrigatoriedade de o índio trabalhar dois ou três dias por semana no tupambaé com o regime do trabalho servil, obrigatório do índio ao encomendeiro. Há de se registrar uma diferença fundamental. Na *encomienda* o índio, em regime de servidão, trabalhava para o tomador do serviço, em benefício deste, sem participar dos resultados da produção, enquanto no regime do tupambaé, o trabalho, ainda que obrigatório, em tempo parcial, revertia a produção para a própria comunidade da qual participavam o trabalhador e sua família.

Algumas fontes asseguram que teria existido, inicialmente, um tabambaé, significando a propriedade da comunidade. Com o tempo, o tupambaé e o tabambaé se identificaram, falando-se somente do primeiro.

Não existia entre os índios o conceito de propriedade privada sobre a terra, bem como sobre os ervais e o gado. Mesmo o conceito coletivo ou comunitário de propriedade sobre a terra necessitou ser aprendido, pois na fase pré-reducional, o caráter seminômade do grupo não chegava a formá-lo, já que em constantes mudanças de um lugar para outro, em busca de novos tratos de terra fértil para suas roças, ou zonas de melhor caça e pesca.

Na Redução sobrevivia a propriedade privada sobre os bens que o indígena poderia amealhar pela produção excedente às necessidades da família.

O cotiguaçu era a morada das viúvas, das mulheres abandonadas pelos maridos, e albergava as mulheres de índios que partiam para jornadas mais prolongadas, como no envio de mercadorias para Buenos Aires.

O trabalho, nas tarefas domésticas, também era dividido. À mulher tocava trazer água, ao homem tocava trazer a lenha para a cozinha, o que advinha do simbolismo no matrimônio, quando a noiva trazia um porongo para o patrimônio familiar, destinado a buscar água.

A estrutura produtiva das Reduções alicerçava-se em quatro pilares: a ganadaria, a extração de erva-mate, a agricultura e o artesanato.

O escambo entre Reduções também não era raro, promovendo-se um sistema de trocas entre produtos que abundavam na produção de uma Redução e falta faziam em outra, por produtos que excediam as necessidades desta Comunidade e faziam falta na primeira.

O que é importante assinalar é que não circulava dinheiro nas Reduções, o que torna o sistema econômico adotado no curso dos cento e cinqüenta anos da experiência missioneira um sistema *suigeneris* na história econômica e social da humanidade.

Cada família recebia a porção diária de erva-mate e carne e o tabaco para os adultos, também moradia, vestimenta, escola para as crianças, segurança de sobrevivência na velhice, amparo em caso de doença ou invalidez, num sistema prático de seguridade social a fazer inveja às tentativas contemporâneas de atendimento às necessidades do cidadão, da infância à velhice, e seguridade social em caso de enfermidade ou invalidez, além de oportunidade de trabalho, pois que, mais do que um direito ao trabalho, se traduzia num dever ao trabalho.

Não havia mendigos, o senso coletivo exigia de quem tivesse condições de trabalhar que cumprisse tal dever.

O indígena, ao casar-se recebia casa para morar e um trato de terra para cultivar sua roça familiar. O casamento realizava-se, via de regra, completados dezessete anos o homem e quinze anos as mulheres, muitas vezes até antes. Às vezes, eram realizados casamentos coletivos, com dezenas de casais recebendo-se em matrimônio.

Com essa precocidade matrimonial, procurava-se evitar todos os problemas e conflitos decorrentes da atividade sexual dos desparcerados e da iniciação sexual ente os jovens de ambos os sexos.

Observa o Padre Sepp:

> "Quando uma menina alcança os 14 ou 15 anos e um rapaz os 16, então já é tempo do santo matrimônio. Por isso também não demoramos e evitamos destarte muitos males. Nenhuma indígena chega à situação de passar alguns anos no estado virginal. E com os rapazes dá-se o mesmo. Quando chegam seus anos, é impossível contê-los. Esta experiência já fizeram os primeiros missionários."

Sobre os casamentos, relata o mesmo Padre Sepp:

"Dou, pois, a um desses jovens casais uma das casas acima descritas de palácio. E dou-lhes também as vestes nupciais, a saber, cinco côvados de pano de lã para o marido e outro tanto para a mulher. Cama, ou seja, um couro de boi, também não falta, para ser estendido sobre o chão raso. E dou-lhes também o banquete nupcial, constante de uma ou mais vacas gordas, como aliás lhes vou dando carne o ano todo, tanto quanto necessitem. Só uma única cláusula tem o nosso direito, referente aos bens paternais, que a índia precisa trazer ao seu marido ... O dom nupcial e o dote que a índia noiva tem que oferecer ao índio, o já tantas vezes referido porongo oco e nada mais. Aliás, nesse porongo se prende a condição de que nele a mulher precisa ir buscar a água do rio ao seu marido. Em compensação, é o índio obrigado a trazer a lenha para a cozinha. Com esta cerimônia celebra-se o matrimônio (...) Quando estão casados e quando terminou a santa missa, o noivo vai para aqui, a noiva para acolá, e, quando tudo termina bem, fazem ao meio-dia o primeiro jantar juntos e convidam eventualmente ainda o pai e a mãe da noiva, todos comendo da vaca que lhe dou, e do pouco de sal, de um ou dois pães, um pouquinho de mel, com que se banqueteiam e vivem regaladamente. Deve notar-se, ainda, o seguinte: Quando os índios querem contrair matrimônio, não é o índio que vai pedir a mão da índia, mas, ao contrário, é a mulher que precisa pedir o marido para o santo matrimônio. Vindo pois uma índia ter comigo, dizendo: 'Pay, eu quisera contrair matrimônio com esse ou aquele, se tu concordas'. Convido depois o índio a ter comigo e lhe digo: 'Essa, meu filho, pretende casar-se contigo: — Concordas?' Se disser sim, — e quase sempre dizem sim —, nada mais é necessário, está tudo certo, realizado o golpe e as bodas estão à porta."

O Regulamento Geral de Doutrinas de 1689, em sua Regra n. 20, dispôs:

"Os casamentos dos índios, comumente falando, não se farão até que os varões tenham 17 anos e as mulheres 15, se não houver causa que obrigue a antecipar o casamento, a juízo do superior."

Em algumas Reduções, era costume presentearem-se os nubentes com instrumentos de trabalho e utensílios de cozinha.

Desde sua fundação, a Ordem dos Jesuítas manifestou grande preocupação com a educação. Nas Reduções não foi diferente. Ainda que a alfabetização não atingisse todos os meninos, as escolas dos povos ensejavam um maior índice de pessoas alfabetizadas do que nos demais núcleos habitacionais da época. Os mais dotados recebiam uma educação mais aprimorada. Todos deveriam aprender ofícios práticos, seja nas oficinas, seja nas lides agropastoris. As meninas aprendiam a cozinhar, tecer, bordar.

A atenção dispensada aos jovens poderia servir de exemplo para os dias hodiernos:

Do Padre José Cardiel , temos um breve relato desse tratamento:

> "Logo após a missa os rapazes voltam para o desjejum em suas casas retornando em seguida para a praça, para que se lhes indique o trabalho comum, nos algodoais e plantações de milho. Isso se faz para que não fiquem ociosos e aprendam desde pequenos a cuidar das obrigações de sua família... (...) Não os encaminhando para o trabalho deixando-os ociosos acabam perturbando o povo."

Os padres souberam explorar inteligentemente o espírito comunitário dos guaranis para realização de suas tarefas, bem como o amor à musica e aos cantos, procurando conjugar essas duas inclinações para obterem maior rendimento do trabalho. Valemo-nos mais uma vez do depoimento do Padre Antônio Sepp:

> "Se temos que erguer por exemplo uma coluna grossa e pesada na igreja, que é sumamente alta, minha gente põe mãos à obra ao som festivo de seus instrumentos favoritos. E se quero que os índios conservem seu bom humor num trabalho, não há meio melhor que fazer zumbar todo o dia tambores e pífanos."

(Tradução da versão espanhola, pelo autor)

O sistema de trabalho comunitário instituído nas Reduções foi objeto de ácidas críticas, inclusive na Europa, sob o fundamento de que se tratava de uma espécie de escravidão, pois que os Jesuítas estariam enriquecendo à custa do trabalho dos índios.

Uma análise mais imparcial das circunstâncias que revestiram as relações de trabalho instituídas nas Reduções nos permite concluir que essas críticas teriam sido inspiradas mais em razões políticas, sob influência de protestos escravagistas e de encomendeiros prejudicados e pelo antijesuitismo insuflado por próprias ordens religiosas, do que alicerçadas em fatos da realidade.

Independentemente de aspectos religiosos, podemos destacar que o êxito do projeto social instituído decorreu dos seguintes fatos:

1º) porque é difícil conceber um regime de escravidão, em que 5.000 ou mais de 7.000 indígenas se deixassem submeter a um regime de escravidão por dois sacerdotes desarmados, que dirigiam cada Redução;

2º) porque o trabalho comunitário, coletivo, cooperativo, fazia parte da índole dos guaranis, a quem repugnava o trabalho individual, mas aderiam a formas de ação em grupos, especialmente conjugada com cantos e música;

3º) pelo sistema introduzido deu-se margem para o incentivo ao desenvolvimento de talentos artísticos e ao atendimento às nuanças da personalidade dos guaranis, que fora das Reduções jamais teriam tido oportunidade de ver suas aptidões concretizadas e reconhecidas;

4º) se afetada a liberdade individual dos indígenas reduzidos, pela obediência a regras fixas e rígidas de convivência, dentro de padrões estabelecidos pelos padres, tinham os indígenas assegurados sua subsistência e um sistema de seguridade social, quando da inatividade por idade, doença ou acidente;

5º) porque este sistema de trabalho era o único capaz de garantir a sobrevivência dos índios guaranis, dadas as suas características inatas de imprevidência;

6º) porque nenhuma prova concreta subsistiu no sentido de comprovar o amealhamento de fortunas pelos Jesuítas. O resultado das vendas da produção das Reduções terá sido aplicado, em sua quase-totalidade, senão em toda, na aquisição de bens necessários às Reduções, não por estas produzidos, como o sal, instrumentos de trabalho, objetos para ornar as Igrejas. Não se há de esquecer de que as necessidades a serem atendidas se estendiam a mais de 100.000 almas.

Ninguém foi obrigado a ser reduzido, de sorte que a evasão das Reduções não era rara, quando o índio não se adaptava ao regime rígido da disciplina imposta na comunidade.

Em se louvar o sistema de trabalho introduzido nas Reduções Guaraníticas, não se está afirmando que esse projeto teria ou terá o mesmo êxito se aplicado a outras coletividades, subordinadas a outras condicionantes políticas, sociais, econômicas e históricas.

Empreenderam os Jesuítas, no meio dos indígenas, uma verdadeira revolução, com reflexos no trabalho agrícola especialmente, com a introdução do machado de ferro, substituindo o machado de pedra até então utilizado, que determinou uma conquista de tempo na realização de tarefas diversas.

A passagem da idade da pedra para a idade do ferro constituiu um passo importante no sistema de produção.

Por algum tempo, os índios reduzidos estiveram isentos de pagamento de tributo à Coroa, depois, a partir de 1679, foram tributados, entre 18 e 50 anos, com exceção dos caciques, à razão de 1 peso de prata, por ano, pagamento que era efetuado pelos Jesuítas com os resultados das vendas de produtos provenientes da respectiva Redução, em Buenos Aires.

Desde o início, os Jesuítas deram especial atenção à educação. A pedra fundamental do sistema educacional era o fato de não deixar os menores ociosos. Era a educação pelo trabalho, levando em conta as condições físicas da criança e do adolescente e suas aptidões naturais, enfim, dar-lhes alguma atividade. A partir dos 7 anos, os meninos costumavam exercer atividades nas lavouras, como arrancar ervas daninhas, limpar os caminhos, auxiliar na plantação. Às meninas, que sempre permaneciam separadas dos meninos, cabia ajudar na colheita do algodão ou espantar pássaros. Começava-se, desde cedo, a incutir nas crianças o senso de responsabilidade e a dignificação do trabalho.

A jornada de trabalho desenvolvia-se dentro das atividades programadas para o dia, incluindo atividade religiosa e lazer. O sinal de levantar soava entre 4 e 5 horas, conforme a estação do ano. Às 5:30 horas iniciava-se missa, depois a distribuição da porção de erva, e, assim, durante os seis meses da atividade agrícola, iriam cumprir as tarefas na lavoura, a partir das 9 horas. Nos outros seis meses, cumpririam tarefas diversas, nas oficinas, ou as de edificar ou reparar construções, de abrir ou conservar caminhos, de empedrar pântanos e atividades similares.

Ao meio-dia tocava o sino, dando sinal de descanso para o almoço. Às duas horas, novo toque de sino, para o reinício das tarefas que iriam até as 17 ou 18 horas. De sorte que a jornada de trabalho diário não ultrapassava as seis ou sete horas diárias. Às 21 horas, soava o toque de recolher.

A indução ao trabalho vinha da pressão social, do respeito ao cacique e ao padre, ou, em último caso, do castigo.

E o que é importante assinalar, em que pese ter sido mantida uma elite na comunidade da Redução, constituída pelo cacicado, todos deveriam trabalhar. Igualmente o cacique, os membros do *Cabildo* e o padre. O padre Cardel observou:

> "Ni los de estes oficios, nobles (caciques) y plebeus, desde el corregidor hasta el último, dejam de cultivar sus tierras en el tiempo de su labranza y cosecha, que es allí desde junio hasta diciembre."

b) Atividade extrativista

1. A erva-mate

A atividade extrativista dos ervais constituiu-se numa das principais fontes de riqueza das Reduções.

Saint Hilaire, aos visitar as Missões, em 1821, deu à erva-mate o nome científico de *Illex paraguariensis.*

Inicialmente, o uso da erva-mate estava relacionado com atividades rituais dos feiticeiros, o que levou à proibição de consumo, tanto pelas autoridades civis como pelos religiosos.

A Ley de las Indias (Livro VI, Título XIII) dispunha:

"A los indios que trabajaren en la labor y ministerio de las viñas, y en otro qualquiera, no se pague el jornal en vino, chicha, miel, *ni yerba del paraguay*, todo lo que de estos géneros se les pagare, se a perdido ... ."

Ainda em junho de 1610, escrevia o Padre Torres que os guaranis tinham dois

"Vícios perjudicialísimos: el tomar una yerba maldita diluída en agua y el tomar tabaco de humo por la boca."

Não se poderia permitir que os cristãos ingerissem uma beberagem, à qual se atribuía qualidades milagrosas, difundida pelos pajés e feiticeiros das tribos indígenas.

O uso da erva-mate na região era muito antigo, inicialmente usavam os indígenas mascar as folhas (tal como os andinos com folhas de coca) para obter maior vigor nas suas caminhadas, costume que desapareceu, permanecendo o uso por meio da infusão das folhas em água fria ou quente.

Consta das crônicas da época que um Governador da Província e um Bispo resolveram experimentar a erva "maldita", ... gostaram e terminaram por adquirir o hábito de ingerir o mate da erva do Paraguai. Estava introduzido o chimarrão e o tererê em solo sul-americano.

Em breve o uso do mate se tornara costume de toda a população, dos mais humildes à elite de toda região paraguaia, daí passando aos usos e costumes das comunidades americanas até os limites do Oceano Pacífico. Em 1620, Assunção consumia perto de 15 mil arrobas de erva por ano.

Posteriormente os padres passaram a utilizá-la como eficaz auxílio para evitarem-se as bebedeiras, que costumavam fazer parte da vida comum dos indígenas.

A borracheira dos índios foi um dos obstáculos primitivos a desafiar os Jesuítas, na tentativa de criar uma comunidade ordeira. As bebedeiras, que duravam dois ou três dias, eram decorrentes da ingestão imoderada da "chicha", espécie de aguardente de milho.

A erva-mate era sorvida numa cuia, ou porongo, por meio de uma bomba, de taquara fina, chamada "tacuapi", ou seja, cana oca alisada. Se com água fria, com ou sem açúcar, chamava-se "tererê", com água quente seria o chimarrão, ou simplesmente mate, como denominado até hoje.

Os primitivos ervais nativos situavam-se no Paraguai, cerca de 500 km ao norte de Assunção. A região denominava-se Maracayú e a erva ali colhida era de excelente qualidade.

Todavia, as expedições de coleta de erva a Maracayú eram extremamente penosas. Além dos problemas de abastecimento para as expedições, grande era o número de perda de vidas, decorrente de enfermidades, acidentes, vítimas de ataques de feras. Retornavam de cada expedição trazendo a erva acondicionada em sacos de couro, contendo de 6 a 8 arrobas, em 60 a 80 carros, puxados cada um por três juntas de bois, para o que conduziam uma tropa de cerca de 250 bois.

No território do Rio Grande do Sul foram encontrados também alguns ervais naturais.

Como esta coleta de folhas em Maracayú tornava-se extremamente penosa e dispendiosa, os padres, por meio de pesquisas e experiências, conseguiram a multiplicação dos ervais, criando culturas artificiais nas proximidades das Reduções, aprimorando a qualidade e aumentando a produção.

Inicialmente tiveram os padres grande dificuldade em promover o cultivo de ervais, pois as sementes plantadas não vingavam. Depois de inúmeras tentativas, descobriram o segredo da germinação das sementes. Constituía-se na remoção de uma goma que revestia os grãos internos da semente. A descoberta foi guardada como segredo de Estado e os espanhóis não conseguiram desenvolver a técnica de cultivo de ervais semeados.

Depois de dominada a técnica da germinação das sementes, necessitava de grandes cuidados a operação do transplante de mudas, que, aos poucos, foi sendo aperfeiçoada pelos padres.

A produção da erva-mate necessitava de uma considerável mão-de-obra nativa. Os ramos colhidos eram sapecados e depois estendidos sob fogo lento até secarem completamente. Depois, a erva era moída e socada em pilões de madeira, peneirada e ensacada em sacos de couro.

Além de prover as necessidades da coletividade nas Reduções, com cerca de 100.000 almas, a erva-mate era vendida em Buenos Aires e Santa Fé ou usada como moeda de troca por gado, algodão, lã, instrumentos, objetos de decoração das Igrejas ou utensílios do uso da comunidade.

Da venda da erva-mate advinham recursos, outrossim, para o pagamento dos tributos devidos pelos guaranis missioneiros à Coroa da Espanha.

O transporte da erva para os pontos de consumo não raro durava meses. Levada inicialmente por carros puxados por bois, seguia via fluvial por barcos e finalmente transportada por tropas de mulas, chegando até a costa do Pacífico.

Como nas demais produções das Reduções, não havia cultivo e/ou produção individual. A produção era coletiva, revertida integralmente à coletividade. Cada família recebia, diariamente, uma porção de erva. Pela distribuição diária procurava-se evitar que os indígenas consumissem mais erva do que o necessário ou desperdiçassem o produto, dada sua natural imprevidência.

Os indígenas produziam uma erva-mate de melhor qualidade, denominada "caa-mini" ou erva-miúda, que teve sua exportação limitada a 12.000 arrobas anuais, o que significava uma produção exportável de 400 arrobas para cada uma das trinta Reduções, destinadas aos portos de Santa Fé e Buenos Aires. Outra espécie era a "yerba de palo", erva de pau ou "caa-ibira", de qualidade inferior, à qual se atribuía a metade do preço da caa-mini.

Uma das causas das constantes divergências e altercações entre os espanhóis e os Jesuítas estava no problema da erva-mate, pois as Reduções, então com cultivos próprios, conseguiam levar à venda em Buenos Aires, Santa Fé e Assunção uma erva de boa qualidade com menor preço do que os espanhóis, uma vez que estes continuavam a buscar a erva em Maracayú, com um custo muito mais elevado. Os espanhóis não tinham como competir com os Jesuítas.

Quando foi determinada a transmigração dos Sete Povos Rio-grandenses para a outra banda do Rio Uruguai, em função da execução do Tratado de 1750, estimou-se que os Sete Povos possuíam cerca de 200.000 pés de erva-mate, sendo compreensível, então, a resistência dos indígenas em deixar esta verdadeira riqueza vegetal, criada com seu trabalho, em atendimento a um capricho das Coroas Ibéricas.

A criação da árvore de erva-mate faz parte das lendas missioneiras. Diziam que Deus andava caminhando pelo mundo acompanhado de São Pedro e São Paulo. Chegando à região Missioneira, pediram pousada num rancho de um velhinho muito pobre. Este tinha uma filha, uma jovem virgem muito linda e bondosa. À noite, ofereceu o hospedeiro o pouco de alimento que tinha e lhes ofereceu os catres que existiam no rancho para dormirem. Era tudo o que tinha. No outro dia, Deus perguntou ao pobre e generoso velho:

— "Eu sou Deus e estes dois são São Pedro e São Paulo, diga-me o que queres que te darei, pois vejo que és bom e generoso."

— "Só quero que minha filha, disse o velho, possa viver para sempre."

Então Deus transformou corpo da jovem numa árvore de erva-mate e sua alma em "caa-yari", que é o espírito da erva, a dona do erval.

De certa forma, o melhor símbolo de hospitalidade é o mate-chimarrão, com que o dono de cada rancho, por mais humilde ou da casa mais abastada, recebe seus hóspedes.

2. Outros produtos

Dos produtos extrativos contavam ainda com mel, cera e madeiras duras, utilizadas nas construções de móveis, carroças, barcos. As madeiras nobres eram encontráveis nas imensas florestas da região, onde havia mais de trinta espécies. Deveriam ser cortadas na lua minguante dos meses de inverno.

c) A ganadaria

A penetração dos Jesuítas no território sul-rio-grandense ocorreu no período em que estiveram unidas (1580 a 1640) as Coroas Espanhola e Portuguesa, inexistindo fronteiras entre ambos.

Nelson Werneck Sodré observa:

> "A empresa das reduções tinha como fundamento necessário a ocupação territorial para, sobre esta, montar a estrutura de produção, de caráter permamente pela sua própria finalidadae, que a Companhia de Jesus realizou com singular pertinácia e sem nenhum sentido nacional."

De sorte que a introdução do gado, às margens do Rio Uruguai, teve como conseqüência o primitivo povoamento da Região Sulina do hoje Brasil.

Com o êxodo de Guairá, muitos retirantes foram alojados no Tape, providenciando os padres no povoamento da região o gado destinado à subsistência das povoações. Consta que os Padres Pedro Romero e Cristóvão de Mendonza compraram um rebanho com cerca de 30.000 cabeças, em Corrientes, do português Manoel Cabral Alpoim.

Transferida a ação dos Bandeirantes para o Tape, ocasionando, assim, a evacuação deste território, a região ficou despovoada, dando margem ao crescimento extraordinário dos rebanhos vacuns. Era o gado chimarrão. Índios Charruas habitavam a região, mas sem maior expressão demográfica.

Desde logo, compreenderam os jesuítas que para manterem milhares de indivíduos aldeados, em cada redução, era imprescindível proverem meios de abastecimento de alimentos. O desenvolvimento da criação de gado, ao lado da agricultura permanente, era elemento fundamental para o sucesso do projeto.

Os cavalos haviam sido introduzidos no território missioneiro, quando da primeira fundação de Buenos Aires, em 1537.

Em 1555, chegava a Assunção uma leva de gado vacum proveniente de São Vicente, Brasil. Outras levas, inclusive de ovelhas e cabras, vieram do Peru. Os povoadores de Santa Fé, Corrientes e da segunda Buenos Aires também trouxeram gado vacum para a região.

Desde a fundação das primeiras reduções, a criação de gado passou a ser uma das atividades que mereceu maior atenção dos missionários, seja para o abastecimento de carne, seja para os trabalhos de tração e cultivo da terra.

As primitivas levas, especialmente do gado vacum, multiplicaram-se rapidamente, povoando um imenso território que se estendia pelas terras das hoje Argentina, Paraguai, Rio Grande do Sul, até o Uruguai, em face da excelência do clima, pastagens e aguadas.

O Padre Antônio Sepp relata o seguinte fato na publicação de sua Viagem às Missões Jesuíticas, quando de sua chegada, dirigindo-se de Buenos Aires à sua Missão indígena de Yapejú:

> "Sobre estas duzentas milhas não se encontrará uma só árvore que seja, mas só lindos campos lisos e pastagens. Não se encontra tão-pouco uma só aldeia ou casa ou cabana de pastor, mas só milhares de reses e cavalos que não pertencem a ninguém, mas a qualquer um que os queira ter."

Em 1634, o Padre Cristóvão de Mendonza, nosso primeiro tropeiro, trouxe para a margem oriental do Rio Uruguai uma tropa com cerca de 1.500 vacas, que foram distribuídas entre as Reduções então existentes.

A primeira grande província ganadeira, então denominada "Vacaria", abrangia território situado no território Uruguaio, a partir da região denominada Tape, em território do Rio Grande do Sul. Era a "Vaquería del Mar". Em torno das tropelias fronteiriças entre espanhóis e portugueses, especialmente visando à Província Cisplatina (hoje República do Uruguai), esta região foi muito assediada pelos dois grupos, em busca de abastecimento de carne, além de um incipiente estabelecimento de áreas de exploração privada pelos primitivos povoadores.

A propriedade das terras, nas Vacarias, pertencia ao Rei de Espanha, cabendo aos indígenas a posse e o domínio dos meios de produção.

Nos campos povoados de gado, surgiram também os "faeneros" e os "changadores". Os faeneros vinham buscar gado mediante autorização do *Cabildo* de Buenos Aires. Os changadores vinham buscar o gado sem autorização. Ambos, aliados a indígenas da região, não raro se envolviam em contrabando de gado para os portugueses e originários de outras nações européias, que vinham especialmente em busca de couro e sebo.

A Vacaria do Mar foi muito visada na busca de gado, quer pelos espanhóis, quer pelos portugueses, provindos de Rio Grande e Colônia do Sacramento, em cujas investidas eram acompanhados de índios charruas, seus aliados, tanto em operações militares, como na fixação das primeiras estâncias particulares no território.

Da anterior surgiu a segunda grande Vacaria, a partir de 1712, denominada "Vaquería de los Pinares". A Vacaria dos Pinhais situava-se na parte nordeste do Rio

Grande do Sul, em torno do hoje município de Vacaria, e recebeu sua denominação dos extensos pinheirais existentes na região. A fixação de rebanhos nesta região foi induzida pelos Jesuítas, como política de previsão e fonte de reservas para o sustento das Reduções. Teriam conduzido cerca de 80.000 cabeças para o novo território, para que se reproduzissem e fornecessem, em futuro a médio prazo, a provisão de carne para as Reduções.

O trabalho no trato com o gado exigia um grande número de índios. Numa das entradas da Vaquería, o Padre Yegros, em busca de gado, levava consigo 60 vaqueiros, conduzindo, cada um destes, 5 cavalos para a sua jornada.

A criação e manejo do gado eram desenvolvidos em três estágios. Em primeiro lugar, vinham as Vacarias, extensões consideráveis de terras onde se multiplicavam os rebanhos de gado "chimarrão", ou seja, gado selvagem, que se contavam a centenas de milhares de cabeças.

Em segundo lugar, vinham as "estâncias". Estas eram delimitadas normalmente por acidentes naturais, rios, arroios, banhados, matos.

Praticamente todas as Reduções tinham a sua Estância, localizadas na Campanha para onde era conduzido o gado, passando este rebanho a pertencer à respectiva Redução.

Há registro da partida de cerca de 50 índios, os quais em dois ou três meses arrebanhavam e conduziam ao seu povo, em distâncias que poderiam atingir 50 léguas, cinco ou seis mil vacas.

Às vezes, para início de uma nova povoação, o arrebanhamento era ainda mais considerável, como é o caso da fundação de S. João Batista.

Ainda do Padre Antônio Sepp temos a seguinte informação:

> Há pouco, minha aldeia saiu campo afora para arranjar vacas para a alimentação diária deste ano. Em dois meses reuniram 50.000 vacas e as trouxeram para o meu aldeamento. Tivesse eu mandado, eles também teriam trazido 70, 80 ou até 90.000. [...]
>
> O maior trabalho e arte consiste em que os índios reúnam tão jeitosamente os animais, que nenhum estoure e dispare. [...]
>
> Aldeamento que não fosse capaz de criar três a quatro mil cavalos de montaria seria considerado pobre."

Algumas Estâncias tinham consideráveis áreas. As maiores foram a Estância de Yapejú, a de S. Miguel e a de S. Luiz, pertencentes a Reduções do mesmo nome, sendo as duas últimas em território sul-rio-grandense e a primeira iniciava-se em áreas dos atuais municípios rio-grandenses de Uruguaiana e Barra do Quaraí, prolongando-se por território uruguaio, constando em seus postos e capelas cerca de 1.700 trabalhadores, ligados às atividades da pecuária.

O labor nas estâncias obedecia ao mesmo sistema de trabalho coletivo, cooperativo, dirigido pelos padres, ao contrário dos espanhóis e portugueses que exploravam o trabalho individual, usando mão-de-obra escrava ou a servidão instituída de fato, pelas *encomiendas*, e eventualmente pela contratação de peões.

As Estâncias eram divididas em postos, em número de dez ou mais, geralmente destinados a determinado rebanho (cavalar, ovino, muar, vacum). Nos postos estavam os potreiros, cercados por muros de pedras sobrepostas, hortas e casas dos posteiros e suas famílias.

As Estâncias estavam sob a vigilância dos bombeadores, ou olheiros, que constituíam uma milícia montada que vigiava o território.

A Estância de São Borja possuía 15 capelas de posteiros com suas famílias, atingindo cerca de 500 pessoas. Essas capelas continham, normalmente, a estátua ou o quadro do destinatário do culto daquela Capela, sendo mais comuns os cultos a S. Isidro, padroeiro dos agricultores, e a N. S. de Loreto.

Cada posto, por sua vez, ficava dividido em dez ou mais rodeios. O posto era formado por cinco ou mais famílias, com suas respectivas casas, com seu pomar e horta, comandado por um capataz.

Nestes postos, havia, normalmente, uma pequena capela, e num deles uma Capela Maior, onde vivia um Padre Estancieiro.

Quando se fala em porção de carne a cada índio nas reduções, está-se referindo à carne de gado vacum, pois os índios não apreciavam a carne ovina.

A ovelha era criada para obtenção da lã, destinada à vestimenta mais apropriada para enfrentarem os rigores do inverno missioneiro.

Dados de 1768 acusavam um rebanho vacum superior a vinte mil cabeças, de propriedade de S. Nicolau e S. Miguel, cada um. S. Borja, na mesma ocasião, apresentava um rebanho de ovelhas superior a treze mil cabeças.

A aldeia de S. Tomé, às margens do Rio Uruguai, chegou a contar com um rebanho com mais de 40.000 ovelhas.

Do gado vacum aproveitavam a carne exclusivamente para o abastecimento dos índios. Além da carne e do charque para o consumo interno, eram aproveitados os couros crus e curtidos, a graxa, o sebo e a língua; do cavalar, as crinas, produtos de exportação, levados comumente a Buenos Aires.

Os três navios espanhóis que haviam trazido 44 jesuítas para Buenos Aires, em 1691, retornaram à origem com um carregamento de 300.000 couros bovinos.

Parte dos couros era levado ao mercado de Buenos Aires, mas a maior quantidade da produção era aproveitada nas reduções, pois múltiplo era o aproveitamento do couro. Caixas, arcas, cestas, sacos, toldos de carreta e embarcações, redes, caixões mortuários, arreios, correias, paredes, pavimento e cobertura de ranchos usados pelos posteiros nas estâncias, selas para os cavalos e mesmo sapatos. Estes últimos eram usados somente pelos padres e pelos índios em ocasiões muito especiais, em festividades ou funções públicas, pois usualmente andavam descalços.

Também o sebo era produto com boa colocação comercial, utilizado como combustível e amaciador de couro.

Por fim, vinham os currais, onde ficava o gado, trazido da estância e destinado ao abate próximo, visando ao abastecimento diário. Estes ficavam situados na periferia do aldeamento, junto ao matadouro. Normalmente com mangueiras de pedra, onde ficava o gado a ser abatido. A ração de carne era distribuída diariamente a todos os índios da Redução. Nas Reduções mais populosas eram carneadas de 15 a 20 vacas por dia. Nos currais eram também guardados os animais destinados à tração e ao trabalho agrícola.

Em estado selvagem, os guaranis não eram apreciadores do leite, tendo o seu uso sido introduzido nos aldeamentos, especialmente para alimentação de enfermos e fabrico de pães.

Os índios campesinos, destacados ao trabalho das estâncias e currais, adquiriram notável destreza nas lides campeiras, utilizando-se de laços e boleadeiras. Estas eram compostas por três bolas, normalmente de pedras polidas, cobertas de couro, sendo duas do mesmo tamanho e uma menor, presas nas pontas de uma corda trançada de couro, sendo utilizada para bolear, derrubar os animais, ou como arma de guerra.

O trabalho da exploração ganadeira utilizava centenas de indígenas em cada Redução, tais como tropeiros, posteiros, bombeadores, domadores, esquiladores, encarregados da carneação, curtidores, açougueiros.

Da faina indígena no trato do gado advieram muitos dos usos e costumes dos gaúchos rio-grandenses e rio-platenses.

Aprenderam a fazer charque, carne seca salgada, que mais tarde chegou a ser um dos esteios da economia rio-grandense.

Apreciável foi, também, o rebanho de ovinos. Em tempo de nascimento dos cordeiros, eram destacados alguns meninos para permanecer no campo, a espantar os urubus, que costumavam comer os olhos dos borreguinhos deitados em terra.

No mês de novembro vinha a época da tosquia. Alguns rapazes acompanhavam os esquiladores para recolher e ensacar os pedaços de lã que se desprendiam do velo. Dois índios, com atribuições especiais, acompanhavam a operação da tosquia. Um para contar e apontar o número de velos contidos em cada saco, o outro para acompanhar as carretas trazendo a relação da produção obtida e observar a armazenagem.

A pecuária foi um dos esteios da economia Missioneira e suas atividades absorviam uma considerável mão-de-obra nativa.

d) Produção agrícola

Desde o início das Reduções, o campo mais importante da atividade era a agricultura e a criação de gado. Alimentação, vestimenta e habitação eram as metas básicas a serem alcançadas em cada coletividade.

A produção pecuária e a agrícola oportunizavam um regime alimentar aos índios das Reduções em condições melhores que aquele da maioria dos próprios espanhóis e *criollos*, e sem comparação com os índios encomendados.

Fixados os limites territoriais, por meio dos caciques eram distribuídas as glebas de terra para as plantações individuais. Tratava-se de uma organização coletivista, por muitos considerada como organização comunista.

A produção do tupambaé era depositada em armazéns públicos, para distribuição entre viúvas, órfãos, inválidos, membros da comunidade que se ocupavam de ofícios diversos e não laboravam na agricultura, socorro às famílias cuja produção da colheita anterior não fora suficiente até a colheita seguinte, pagamento de tributos, destinando-se os excedentes às permutas entre as Reduções e à venda no porto de Buenos Aires, especialmente.

O trabalho era considerado atividade honrosa, mesmo entre a elite do cacicado, ao contrário das elites européias, para as quais o trabalho era coisa para escravo ou para uma classe inferior.

Como vimos anteriormente, as atividades diárias eram divididas entre as religiosas, o lazer e uma jornada de trabalho, normalmente de 7 horas diárias, respeitado o repouso semanal aos domingos.

Havia uma distribuição de trabalhos entre homens e mulheres: aos homens cabiam as atividades da guerra, caça, pesca, fabricação e conservação de seus armamentos (arcos, flechas), coleta de plantas medicinais, coleta de folhas e raízes para obtenção de tintas, cestaria, fabrico da erva-mate, preparação das terras para sementeiras, atividades com o gado. Às mulheres cabiam as tarefas domésticas, limpeza da casa e dos edifícios públicos, fiação do algodão, preparação da alimentação diária.

O jovem indígena, ao casar, recebia casa para morar e um trato de terra para fazer sua sementeira.

O importante é que havia atribuições laborais para todos, a partir dos 7 anos, de acordo com as condições pessoais de cada um.

A ociosidade não tinha lugar na Comunidade.

Entre os mais importantes produtos comercializados nos portos de Buenos Aires, Assunção e Santa Fé, figuravam o trigo, milho, tabaco, cana-de-açúcar, além da erva-mate, couros e tecidos de algodão.

1. O algodão

Desde os tempos primeiros da colonização da América, o cultivo do algodão foi incentivado, pois dele se produziria a vestimenta dos habitantes.

Nas Reduções Jesuíticas, o algodão teve um desenvolvimento extraordinário. Também no Brasil não passou despercebido das autoridades lusitanas a importância de seu cultivo. Em 1758, foi promulgado o "DIRETÓRIO" (que se deveria observar nas povoações dos Índios do Pará e Maranhão) — "enquanto Sua Majestade não mandar o contrário" —, que se constituía num conjunto de 95 normas a serem observadas no trabalho de civilização dos indígenas. A disposição de n. 24 rezava:

> "Sendo pois a cultura das terras o sólido fundamento daquele comércio, que se reduz à venda e comutação dos frutos; e não podendo duvidar-se, que entre os preciosos efeitos, que produz o país, nenhum é mais interessante que o algodão: recomendo aos diretores, que animem os índios a que façam plantações deste último gênero, novamente recomendado pelas reais ordens de sua majestade; porque sendo a abundância dele o meio mais proporcionado para se introduzirem neste estado as fábricas deste pano, em breve tempo virá a ser esse ramo de comércio o mais importante para os moradores dele, com recíproca utilidade não só do reino, mas das nações estrangeiras."

Entre os projetos de incentivo à cultura do algodão da experiência Missioneira e os da Coroa Portuguesa existiu uma diferença fundamental. No primeiro caso, o destino específico desse cultivo residia na necessidade de vestir a própria comunidade que plantava e colhia, menos preocupados com as utilidades das nações estrangeiras, relegadas a um segundo plano, já o Diretório se constituiu numa recomendação, para uma maior produção que seria aproveitada por terceiros. Enquanto no projeto brasileiro o cultivo do algodão se constituía numa recomendação, numa indicação, nas Missões, os padres pessoalmente se empenhavam e se envolviam no trabalho e desde logo concretizaram o desenvolvimento dessa cultura. Assim, desde o início, providenciaram os padres a que as Reduções tivessem suas culturas de algodão, para suprir o fabrico de vestimentas para todos os Reduzidos.

O algodão era produzido em grande quantidade, destinado a vestir os milhares de índios. A colheita do algodão era feita pelas moças da Redução. Os algodoais necessitavam ser podados anualmente e mantidos limpos. Antes da primeira floração, por três vezes deveria arar-se o solo do algodoal.

A colheita anual do algodão, em suas três espécies, atingia em, média duas mil arrobas em cada Redução.

Há o registro de que em S. Miguel estavam em atividade 35 teares, chegando a fazer 20.000 braças de tecido com uma colheita de algodão.

A produção das vestimentas dos indígenas absorvia uma considerável mão-de-obra. Primeiro, o plantio, conservação e colheita do algodão, depois, o processo de fiação, a cargo das mulheres.

Às quartas-feiras era entregue a cada índia em condições de trabalhar meia libra de algodão (a libra era uma antiga medida de peso, variando, conforme o lugar, entre 380 e 550 gramas, normalmente era considerada como tendo 0,4535023 kg), para que, no sábado, entregasse 1/3 do peso recebido em fios para serem tecidos. Considerava-se que, em média, 2/3 corresponderiam a sementes e impurezas. Ao entregar sua tarefa, recebia outra vez porção igual para entregar na quarta-feira, e assim, sucessivamente. Havia alcaides velhos, designados especialmente para a tarefa de receber, pesar e armazenar o produto do trabalho de fiação.

Com 4 arrobas de fio sairiam, em média, 200 varas de pano comum. Posteriormente esses fios eram entregues aos tecelões. O trabalho da tecelagem também absorvia mão-de-obra especializada.

O número de tecelões era variável em cada Redução, para a tarefa de transformar os fios em tecido, registrando-se, inclusive, tecelões especializados em tecidos listrados. Os tecelões recebiam um pagamento correspondente a 4 varas de pano, por peça entregue com 150 varas.

Parte da produção era destinada à confecção de vestimentas para os habitantes da Redução e o excedente vendido em Buenos Aires ou Santa Fé. Os tecidos de algodão dos missioneiros chegaram a ter boa aceitação na Europa. Cada índio, homens, mulheres e crianças na Missão recebiam duas vestimentas por ano.

Elaborado o tecido, passava-se à confecção das roupas, também por um grupo de costureiras ou alfaiates. Procurou-se evitar que fosse entregue o tecido às índias, para confeccionarem sua vestimenta, pois isso redundaria em maior desperdício de material.

A vestimenta dos índios consistia em ceroula, calça até os joelhos, camisa e jaqueta; nos dias de frio, usavam um poncho, que poderia ser de lã. As índias trajavam uma espécie de camisa comprida até os pés e mangas até os cotovelos e por cima uma espécie de roupão, chamado tipói. Andavam descalços.

Para o inverno, fazia-se necessário roupa mais conveniente para o frio, confeccionada com lã.

Obtida a lã, pelos esquiladores, era transformada em fios pelas índias, pelo mesmo sistema do algodão, e depois entregues os fios aos tecelões.

A tecelagem e a fabricação de roupas absorviam um considerável número de pessoas, levando em conta os milhares de membros de cada comunidade a serem beneficiados.

2. Outros produtos

Sobre as atividades na produção agrícola e hortifrutícola, cabe referir:

HORTAS — Diversos espécimes de ervas de condimentos e hortaliças foram desenvolvidos nas hortas das Reduções, com sementes trazidas pelos padres, da Europa: hortelã, arruda, alecrim, couve, chicória, espinafre, repolho, nabo, pepinos, entre outros.

POMARES — Algumas Reduções desenvolveram plantações de frutíferas, atingindo mais de 5.000 árvores. Uvas, laranjas, pêssegos, maçãs, limas, limões, nogueiras, romãs, abacaxis, figos foram algumas dessas culturas.

PLANTAS — Ornamentais e medicinais foram cultivadas, umas trazidas por mudas e sementes da Europa, pelos Jesuítas, outras tantas nativas, da exuberante flora da província Paraguaia.

LAVOURAS — Desde o projeto inicial das Reduções, compreenderam os Jesuítas que somente poderiam obter êxito mediante um sistema de abastecimento que tornasse os povos auto-sustentáveis. Os produtos agrícolas e a carne constituíram-se na base da alimentação dos povos, daí a especial atenção às ganadarias e às plantações de produtos diversos, essenciais à manutenção dos indígenas.

Dentre os produtos agrícolas desenvolvidos, destacaram-se:

MILHO — O milho (avati) constituía a base da alimentação entre os guaranis, já desde a fase pré-reducional. Cozido, assado, socado em pilão, transformado em farinha ou em bebida alcoólica e também misturado com mel.

A cultura do milho também consumia permanente mão-de-obra, na limpeza da lavoura, que era feita com arado, inicialmente construído com um omoplata bovino, depois com ferro introduzido pelos Jesuítas, ou manualmente, arrancando-se as ervas daninhas com uma paleta de gado vacum.

Antes da introdução do ferro, como foice, era utilizada uma costela de bovino.

A plantação decorria parte em julho, parte em agosto, para colheita em dezembro, e a segunda plantação era em janeiro/fevereiro, para colheita em maio.

TRIGO — Algum trigo foi cultivado. A produção não era grande e destinada mais ao fabrico de pão, numa padaria, para os doentes e os padres. Os índios, em geral, preferiam o pão fabricado com o milho.

MANDIOCA — Era cultivada também pelos guaranis já antes do período reducional. Com ela preparavam um tipo de pão. Uma espécie de mandioca, a brava, exigia uma série de operações para torná-la aproveitável como alimento humano.

CANA-DE-AÇÚCAR — Da cana-de-açúcar faziam o melado, dele o açúcar mascavo e mesmo algum açúcar branco, bem como a rapadura, que era distribuída como prêmio para o bom desempenho no cumprimento de tarefas especiais.

CÂNHAMO — Foi iniciada a cultura do cânhamo, para produção de pano para o vestuário. Como o aproveitamento do cânhamo era muito trabalhoso, a preferência para a confecção do vestuário recaiu sobre o algodão.

OUTROS — Foram efetuadas ainda plantações de arroz, cevada e fumo, além de batata, feijão, abóbora. O fumo estava entre os produtos exportáveis, considerado da melhor qualidade.

e) Atividade comercial

A atividade comercial nas Reduções efetivava-se em três esferas distintas: as trocas individuais entre os indígenas e eventuais compras efetuadas por estes, as trocas entre Reduções e a venda da produção das Reduções nos pontos comerciais de Assunção, Santa Fé e Buenos Aires, e compra de produtos e bens indispensáveis às Reduções vendedoras. Quer a troca entre Reduções, quer a compra e venda junto aos entrepostos comerciais fora das Reduções, eram dirigidas pelos padres.

As transações individuais, entre os índios ou entre estes e elementos brancos, eram muito raras. O comércio, quando exercido pelos indígenas, normalmente era nefasto a seus interesses. Os remeiros que iam a Buenos Aires levar os produtos da Redução às vezes levavam algum produto seu para negociarem, ocasião em que eram, quando não assessorados pelos padres, sistematicamente explorados.

Foram os índios estimulados a obterem um patrimônio próprio, decorrente de excedentes de sua produção agrícola, do qual poderiam dispor. Esta situação, porém, não era comum, em decorrência da total imprevisão da quase-totalidade dos indígenas. O acesso de espanhóis às Reduções era, em princípio, proibido. Excepcionalmente tinham acesso ao aldeamento comerciantes itinerantes, posteriormente denominados, no Rio Grande do Sul, de "mascates". Estes poderiam permanecer na Redução até o máximo de três dias, disposição que constava expressamente na Ley de las Indias (Livro VI, Título III), e ficavam hospedados na periferia da povoação, em casa denominada "tambo". No tambo poderiam expor sua mercadoria. Havia uma permanente vigilância por parte dos padres, a fim de que os índios não fossem enganados ou explorados.

É interessante notar que o sistema de propriedade coletiva sobre a terra, o tupambaé, o gado, as edificações, não excluía a propriedade privada sobre bens do cacique, da família ou do indivíduo, adquiridos pelo trabalho. Se um e outro sistema de propriedade não se confrontaram, no período do século e meio das Reduções, terá sido, certamente, porque o guarani não apresentava nenhuma aptidão para armazenar bens, para preocupar-se com provisões para o futuro, contentando-se, por força de suas características psicológicas e culturais, com o presente. Era um anticonsumista típico.

O traço marcante da economia indígena nas Reduções, levando em conta a cultura guarani, era a auto-suficiência, não a comercialização.

Mais comuns eram as trocas realizadas entre as Reduções em decorrência da situação geográfica, da planificação interna da Redução, além de fatores externos, como secas ou chuvas prolongadas, em função do que poderia ocorrer um excedente de determinados bens ou produtos e a escassez de outros. Algumas Reduções desenvolveram mais a criação de gado vacum, outras de ovinos, outras do cultivo do algodão, ou da produção de erva-mate, de sorte que, ao sabor das respectivas necessidades, se desenvolveu um sistema de permutas entre Reduções. O objetivo primordial de cada Redução era a obtenção da auto-suficiência; a produção excedente serviria, então, para suprir as necessidades emergenciais num sistema de permutas e promover o comércio externo.

O comércio exterior, além da obtenção de recursos para o pagamento dos tributos à Coroa, trazia recursos para aquisição dos bens que não eram produzidos na Redução e formação de eventuais reservas. Normalmente os produtos eram levados a Buenos Aires por via fluvial.

Em Buenos Aires e Santa Fé, foram criadas Provedorias das Missões, dirigidas por um padre com indiscutível habilidade comercial.

Os Procuradores, em Buenos Aires, foram criados a partir de 1627 e os de Santa Fé, em 1666.

Estes Provedores, ou Procuradores, recebiam a mercadoria, armazenavam-na, identificando os sacos, por Redução, e vendiam-na pelo melhor preço, quando lhes parecesse mais adequado.

Este sistema mereceu muitas críticas, pois se atribuía ao Padres Jesuítas uma finalidade comercial e a obtenção de riquezas à custa do trabalho indígena. O que parece certo é que o comércio de então, como o de hoje, necessitava, para o bom êxito, de pessoas experientes, com talento para a mercancia. Deixar a venda, fracionadamente para cada Redução, com padres dirigentes locais, com menor, ou nenhum, talento para comerciar, resultaria em inegável prejuízo. A centralização das operações constituía-se em inegável vantagem para o conjunto de Reduções. Por outro lado, as necessidades dos indígenas eram consideráveis e os resultados obtidos nas operações comerciais destinavam-se, antes de tudo, à obtenção de produtos e bens que se revertiam em benefício do próprio aldeamento. Uma coletividade de quatro ou cinco mil pessoas, como atingiram diversas Reduções, em algumas épocas, estaria a exigir recursos consideráveis para o atendimento de todas as atividades da comunidade. As fontes informativas da época atestam que as Reduções não eram ricas, nem miseráveis ou indigentes, mas viviam numa pobreza digna, pois não lhes faltava o essencial para uma vida simples, independentemente dos aspectos religiosos que envolviam todo o projeto jesuítico.

O florescimento material das Reduções esteve relacionado, em grande parte, ao "comércio exterior", considerando os excedentes produzidos, calculados em dez vezes o necessário para o consumo interno, destinado à "exportação". Isto, graças aos meios de produção, com mão-de-obra barata, coletivista, consideradas as necessidades da comunidade. Os produtores europeus e *criollos* não poderiam competir com um sistema bem planificado e tecnicamente mais bem dotado, como o vigente nas Reduções. Se, por um lado, este êxito comercial externo frutificou aquisições para um bem-estar coletivo e para um nível de vida e retribuição ao trabalho muito superior ao conseguido na sociedade civil, terá sido, ao mesmo tempo, um dos fatores que levaram ao sistemático combate desta aos Jesuítas e terá sido um dos incentivos para manter essa luta até a destruição final das Reduções.

A produção indígena tinha boa aceitação em Buenos Aires, sendo grande parte dos produtos exportada para o Peru. As minas de Potosi utilizavam uma considerável mão-de-obra, e os bens importados diretamente da Espanha chegavam ao destino com um encarecimento excessivo de seu custo. Daí a favorável aceitação da importação proveniente do Rio da Prata, além do que a erva-mate somente provinha da província do Paraguai.

f) Ofícios

As primeiras povoações hispânicas lutaram, com grande dificuldade no que tange à execução de trabalhos e ofícios manuais, dada a repugnância dos colonizadores para estes misteres. Com a união das coroas ibéricas, de 1580 a 1640, Buenos Aires valeu-se de profissionais portugueses, especialmente em serviços de carpintaria.

Sob este aspecto, as Reduções guaranis tornaram-se verdadeiros centros de capacitação profissional.

Na planificação urbana de cada povo figuravam os espaços para as oficinas. O pátio dos artífices, reunindo vinte ou mais oficinas, ladeava o claustro.

O sistema de trabalho nas oficinas lembrava, em alguns aspectos, as relações de trabalho das corporações de ofício medievais, com seus alcaides, mestres e aprendizes. Trabalhavam os mestres com os aprendizes, subordinados e orientados por um padre. O trabalho nas oficinas era desempenhado exclusivamente por homens.

A oficina era dirigida pelo padre, ou pelo oficial-mestre indígena, que dirigia seus aprendizes, recrutados entre voluntários que se sentissem atraídos pela respectiva atividade, ou orientados pelos padres. Cada ofício possuía seu próprio alcaide, encarregado de fiscalizar as atividades.

Era costume que os aprendizes fossem recrutados entre os filhos dos oficiais-mestres, seguindo a ocupação dos pais, terminando por constituir uma linha hereditária de atuação nas oficinas.

Nos primeiros tempos, os mestres foram os próprios padres ou irmãos leigos, hábeis técnicos nos mais diversos ofícios. Posteriormente muitos índios assumiram as funções de mestres, dadas as habilidades demonstradas.

Os meninos, tão logo adquiriam aptidão ao trabalho, eram conduzidos às oficinas, onde poderiam desenvolver suas aptidões e talento, segundo sua inclinação.

Os indígenas que não demonstrassem talento ou apetência para nenhum dos ofícios específicos iriam trabalhar nas atividades agropastoris e extração da erva-mate.

O desenvolvimento das atividades mecânicas, artesanais e artísticas foi fruto de duas circunstâncias especiais: primeiro, decorrente da competência e do talento dos primitivos Padres Missioneiros, em regra com sólida formação européia, no campo da arquitetura, da música, da agricultura, das ciências e artes; segundo, pelo notável talento dos guaranis em imitar qualquer coisa que lhes fosse posta ante os olhos. Contavam com incrível facilidade de aprendizagem. Eram destituídos de qualquer iniciativa criativa, mas com uma invejável capacidade de imitação.

Para desenvolvimento de suas atividades, eram capazes de fabricar as ferramentas para cada ofício, bastando que lhes fornecessem os modelos.

Em uma das cartas que um dos Padres Missioneiros remeteu ao Provincial Jesuíta da Alemanha, em 1719, assinalava:

> "...Son muy habiles en todos los trabajos de mano, porque solo que ven una vez, lo remedan com maestria. En todas las clases de oficios, hay entre ellos algunos notables artistas como por ejemplo pintores, escultores, tejedores, carpinteros, cerrajeros, albañiles y herreros; en una palabra, non hay oficio que no se ejercite en las reducciones..."

Do pátio dos artífices, onde se localizavam as oficinas, saía a maior parte dos bens de uso indispensáveis à vida dos povos — de instrumentos musicais a carroças, de ferramentas a ornamentos de Igreja.

As oficinas das Reduções constituíram-se em excelente centro de formação profissional na América, sem similar, em plenos séculos XVI e XVII.

Na sua vida pré-Reduções, os guaranis limitavam seu artesanato ao fabrico de objetos de adorno, especialmente plumários e alguma cerâmica rudimentar. Reduzidos desenvolveram notável talento para o fabrico dos mais diversos objetos, instrumentos e aparelhos, a partir da observação e imitação.

Suas principais atividades, nas quais os indígenas desenvolviam também seu trabalho comunitário e coletivo, podem ser apontadas nos seguintes ramos de atividade:

Construção — Boa parte da mão-de-obra indígena era aproveitada na construção de casas, edifícios públicos e Igrejas. Nessa atividade, desenvolveram-se ofícios específicos ligados à construção, como os pedreiros, os que trabalhavam na extração e transporte de pedras, a cantaria, a fabricação de tijolos, telhas e ladrilhos. O barro para o fabrico das telhas deveria ser amassado por três dias seguidos, pela manhã e à tarde, pisoteado por bois mansos. São João contava com três fornos, que queimavam 4.000 telhas ao mesmo tempo. As telhas para a cumieira eram maiores (ver fotos nas páginas 97 e 98).

Na construção da Igreja de S. Miguel, foram utilizados de 80 a 100 índios diariamente, sob as ordens do arquiteto.

Açúcar — A cana-de-açúcar era levada para a moenda, que era acionada por muares. O suco escorria para tachos, onde os índios cozinhavam o melado. Parte deste era armazenado em barris de madeira, com outra, preparavam o açúcar mascavo. Esta atividade consumia o trabalho de dezenas de indígenas em cada Redução.

Fábrica de carroças — Era uma importante atividade a fabricação de carretas e carroças, pois indispensáveis no trabalho das Reduções.

Embarcações — Indispensáveis para o transporte, tanto de pessoas como de mercadorias, na extensa rede fluvial, a construção de canoas, balsas e embarcações era de vital importância para a vida das Reduções, tanto para comunicação entre povos das margens distintas, como no escoamento da produção. Também para as atividades bélicas as embarcações eram de fundamental importância, produzindo os guaranis canoas de guerra manejadas por trinta a quarenta índios. Localizadas estavam as fábricas junto às margens dos grandes rios, especialmente o Rio Uruguai.

Vinho — A uva era cultivada nos pomares das Reduções. A produção do vinho não era muito grande, mas o indispensável para o utilizável nas missas e para consumo dos padres. Eventualmente uma sobra da produção era vendida, com os demais produtos, em Buenos Aires. O Padre Sepp declara que em 1729, na sua Redução de S. João, fizeram 28 garrafas de vinho, sendo oito de vinho doce.

Armas — Algumas Reduções fabricaram armas de fogo, inclusive a pólvora e munição. Chegaram a fabricar rudimentares canhões de taquara, revestidos de couro.

Relógios — Inicialmente foram construídos relógios de sol, nas Reduções. Posteriormente, vieram a ser fabricados relógios mecânicos, registrando-se a existência de um relógio na Redução de S. João, no qual os apóstolos apareciam a cada uma das doze badaladas do meio-dia.

Fiação de tapetes de lã — Exímias se mostraram as índias na confecção de tapetes de lã, da melhor qualidade, que encontravam bom mercado em Buenos Aires.

Rendeiras e bordadeiras — Da mesma forma as peças de renda e bordados. As peças oriundas das Missões eram apreciadas na Europa. Também as peças do vestuário litúrgico e adornos das Igrejas foram objeto de artístico labor indígena.

Carpintaria — As toras de madeira eram talhadas a machado e desbastadas. Fabricavam móveis de fino acabamento, com artísticos entalhes, da mesma forma que púlpitos e altares.

Costura de vestimentas — Vestimentas dos índios e paramentos religiosos eram confeccionados em todas as Reduções.

Ourivesaria — Em São Tomé viveu um notável joalheiro, cinzelador e ourives, Gabriel Quiri, o qual nos trabalhos em ouro, prata e pedras preciosas, se ombreava com os melhores joalheiros europeus.

Indústrias de couro — Fora o consumo da carne, o abate de gado proporcionava uma considerável mão-de-obra na industrialização do couro, quer na curtição, quer no fabrico posterior de toda sorte de objetos antes referidos, indispensáveis para a vida cotidiana das Missões.

Fundidores — Em S. João foi criada a primeira fundição de ferro. Os sinos também foram fundidos nas Reduções. Ainda existe em exposição o sino de S. Miguel, no Museu local (Ver fotos p. 98 e 99).

Trabalho na impressora — Desde 1630, era solicitada a permissão para instalação de uma impressora nas Reduções. A autorização foi concedida em 1634, mas somente em 1700 dois padres se dispuseram a construir, auxiliados por indígenas, uma impressora, fabricando inclusive os tipos. Essa impressora funcionou até 1727, sendo publicados diversos livros, inclusive em guarani. Tem-se notícia de que oito exemplares impressos na Redução de Misiones chegaram até nossos dias. Somente o papel e a tinta foram importados. Os próprios índios esculpiram e fundiram os tipos para a impressão e gravaram os clichês para as ilustrações dos livros. O primeiro livro impresso nas oficinas missioneiras foi o "Martirológio Romano", em 1700, seguido "Da Diferença entre o Temporal e o Eterno", em 1705.

Loreto, Santa Maria Maior e São Xavier possuíram impressoras, fabricadas nas Missões.

Fábricas de instrumentos musicais — Os guaranis notabilizaram-se como exímios *luthiers*, com ativas fábricas de instrumentos musicais. Em inventários realizados quando da expulsão de algumas Reduções, foram catalogadas vinte espécies de instrumentos musicais diferentes, todos fabricados pelos índios. Contavam-se tambores, flautas, harpas, fagotes, violinos, violas, contrabaixos, oboés, cornetas, enfim, toda sorte de instrumentos. Chegaram a construir órgãos, com tubos de cedro.

Bastava que vissem um instrumento, para fazerem outro igual, quando não melhorado.

O mestre-artesão Paíca fabricava toda espécie de instrumentos de música, e tocava-os com notável talento, além disso, gravava o bronze e fabricava um sem-número de obras.

Entalhadores, ferreiros, chapeleiros — Outro tanto de profissionais especializados em determinada atividade revelou-se um extraordinário marco na História do Trabalho (Ver foto p. 104).

XI

CIÊNCIAS E ARTES

Música — Há relatos de missas cantadas com duas violas, duas harpas, oito violinos, um violoncelo e uma trompa.

Os índios começavam a tocar, cantar e dançar desde os seis ou sete anos, com ensaios diários, dispensados do trabalho agrícola. Faziam elogiadas apresentações em festas e datas comemorativas na Redução.

Chegaram a formar orquestras com 40 músicos, tendo-se inclusive apresentado em Buenos Aires, em exibição de sua arte.

Este pendor para a música, quer instrumental, quer cantada, foi um dos meios utilizados pelos padres para atrair os indígenas, não só para os objetivos evangelizadores, como até para o incentivo ao trabalho. Normalmente as turmas se encaminhavam às lavouras precedidas de músicas e cantorias.

Escultores — Conhecida é a estatuária realizada pelo índios, tais como esculturas de madeira ou pedra. Muitas Reduções foram saqueadas, levando-se estátuas missioneiras para longínquas plagas, figurando, hoje, inclusive, em muitas coleções particulares e alguns museus espalhados pelo mundo (Ver fotos p. 99, 100, 101, 102 e 103).

Calcula-se que o acervo de imagens esculpidas em madeira, nos Trinta Povos, tenha chegado a 2.000 peças. Hoje não chegam a 150 peças identificadas, em museus e coleções particulares. Afirmam informantes da época que o caudilho Frutuoso Rivera em 1828 levou do Rio Grande 60 carretas carregadas com estátuas, alfaias, sinos e outras relíquias missioneiras. Em outra ocasião, um padre, ou falso padre, levou um sem-número de peças arrebanhadas na região Missioneira para uma exposição no Rio de Janeiro, onde as peças foram expostas em nome do Governo do Estado, porém, encerrada a exposição, as peças desapareceram. Algumas teriam sido identificadas nos Estados Unidos, posteriormente.

Atribui-se à escultura Missioneira um estilo barroco missioneiro ou barroco hispano-guarani, uma arte jesuítico-guarani com traços indiáticos.

Pintores — Os índios imitavam os pintores clássicos com perfeição. A decoração das igrejas em grande parte esteve a cargo dos pintores indígenas.

Lamentavelmente, o tempo consumiu praticamente todo esse acervo artístico.

Escritores — Dos escritos de indígenas quase nada restou. As fontes indicam o Cacique Nicolau Yapuguai, residente na Redução de Santa Maria, que escreveu dois livros em Guarani, impressos nas Missões. Melchior escreveu a história do seu povo de Corpus Christi e o índio Vázquez, de Loreto.

Até nós chegou correspondência dos chefes indígenas às autoridades civis espanholas, quando da expulsão decorrente do Tratado de 1750.

Ciências — Não somente nas Reduções Paraguaias funcionou a primeira impressora de livros da América, como em seu território terá funcionado o primeiro observatório astronômico no território americano.

Na Redução de S. Cosme e S. Damião foi o observatório celeste montado pelo padre Buanaventura Suárez, autor da obra "Lunário de Um Siglo", em 1743, que teve diversas edições na América e Europa.

Salvo algumas lentes, importadas da Europa, o instrumental utilizado no observatório foi construído na própria Redução.

Medicina — A farmacopéia guarani era muito rica, com consideráveis recursos naturais, como ervas, frutos, raízes e sementes, para cura de diversas enfermidades. Alguns padres com conhecimentos botânicos desenvolveram tais habilidades e transmitiram aos enfermeiros, índios designados para atender aos enfermos. Misto de enfermeiros e curandeiros, alguns padres e seus auxiliares indígenas, os curuzuriás, enfrentaram, além de doenças normais advindas da idade, algumas pestes que dizimaram boa parte das populações reduzidas, especialmente a varíola e sarampo. Algumas Reduções chegaram a contar com cirurgiões, com alguma formação acadêmica ou prática adquirida na Europa, antes de sua transmigração à província Paraguaia. Chegaram a ser publicadas algumas obras médicas, na época, entre elas com destaque para o "Tratado de Cirurgia", escrito em princípios do século XVIII.

Detalhe arquitetônico da Igreja de S. Miguel Arcanjo.
Redução de São Miguel
Rio Grande do Sul

Detalhe arquitetônico da Igreja de S. Miguel Arcanjo.
Redução de São Miguel
Rio Grande do Sul

Exemplar de sino fundido nas Reduções guaraníticas.
Este, exposto no Museu de São Miguel, pertencia à Igreja da mesma Redução.

Monumento dedicado ao Padre Antônio Sepp, fundador da Redução de S. João, no Rio Grande do Sul e pioneiro da siderurgia do ferro e aço no sul do Brasil. Localizado junto às ruínas de S. João Batista.

Exemplo da estatuária missioneira.
Anjo.
Museu de São Miguel

Estatuária missioneira.
Senhor dos Passos.
Museu de São Miguel

Estatuária missioneira.
S. Isidro, — Padroeiro dos Agricultores.
Museu de São Miguel

**Estatuária missioneira.
Nossa Senhora da Conceição.
Museu de São Miguel**

Estatuária Missioneira.
Nossa Senhora da Conceição.
Museu de São Miguel

Estatuária Missioneira.
Nossa Senhora da Conceição e São Francisco de Borja
Museu de São Miguel

A Cruz missioneira.
Talhada num bloco de pedra.
Exposta no sítio arqueológico de S. Miguel

XII

AS GUERRAS GUARANÍTICAS

As tensões entre Espanha e Portugal foram-se avolumando em meados do século XVIII, em torno da fixação das fronteiras.

Em 1750, foi firmado entre as duas Coroas o Tratado de Madri, que teve funestas conseqüências para as Reduções da banda oriental, abrangendo os Sete Povos do Rio Grande do Sul.

Pelos termos deste Tratado, também denominado Tratado da Permuta, Espanha ficaria com a Colônia do Sacramento e Portugal com a Região Missioneira do Rio Grande do Sul.

O artigo XVI do Tratado determinava:

> "Das povoações ou aldeias que cede sua majestade católica na margem oriental do Uruguai, sairão os missionários com todos os móveis, e efeitos, levando consigo os índios para aldeiar em outras terras de Espanha. E os referidos índios poderão levar também todos os bens móveis e semoventes, e as armas, pólvora e munição, que tiverem; em cuja forma se entregarão as povoações à Coroa de Portugal, com todas as suas casas, igrejas e edifícios e a propriedade e posse do terreno ... "

Os Sete Povos das Missões, em solo sul-rio-grandense deveriam transmigrar para a margem ocidental do Rio Uruguai, para o Território Rio-Platense.

Deveriam os indígenas deixar suas casas, suas igrejas, suas roças, seus ervais, suas criações de gado, e mais do que os bens materiais, deixar para trás sua história.

No belo espetáculo de "Luz & Som" que se leva a efeito junto às Ruínas de São Miguel, no texto de Henrique Gazzana, em determinado momento a Terra, dialogando com as Ruínas, exclama:

> "Palpita em mim o casamento ensangüentado de dois reinos da Península Européia: espanha, amante da beleza e da aventura, mas tão cruel em suas guerras e conquistas, e Portugal, dono de vasto território àquele tempo, mas pouco hábil para mantê-lo a seu contento, conceberam num tratado o triste intento de trocarem entre si as missões e sacramento. Ordenaram aos guaranis e jesuítas

que migrassem com o sol, para além do Rio Uruguai. E ante a recusa de meus filhos em abandonarem minhas colinas consumaram em algazarra sangüinária suas bodas assassinas."

Triste lamento, resumindo-se numa estrofe todo o drama de um povo.

Nas salas douradas palacianas européias, decretara-se a extinção, praticamente, de um povo. Não entrou na cogitação das eminentes Cortes Ibéricas as relações que se solidificavam entre o homem e a terra, entre o homem e as suas tradições locais, entre o homem e a sua querência.

Os indígenas não aceitaram os termos desse Tratado, em conseqüência disso, desenrolou-se, entre 1754 e 1756, a denominada Guerra Guaranítica.

Após as instruções preliminares para a desocupação da área Missioneira sul-rio-grandense, foram designados para concretizar as medidas necessárias ao fiel cumprimento do Tratado o Marquês de Valdelírios, pela Espanha, e Gomes Freire de Andrade, por Portugal.

Aos índios foi oferecida uma indenização de 4.000 pesos por Redução. Esta quantia era insignificante diante das riquezas que seriam deixadas, especialmente em ervais, plantações, gado, sem contar toda a estrutura urbanística, inclusive magníficas igrejas, dentre as quais ressaltava a de S. Miguel. Isso significava menos de 1% do valor desses bens, além da existência dos bens inestimáveis em valor monetário.

Os índios negaram-se a se mudar. Falava mais alto o amor ao Teko'a, a querência, em guarani.

Os Padres Jesuítas ficaram numa posição muito difícil. Por um lado, subordinados ao poder da Coroa Espanhola, a ela deviam obediência, por outro, a transmigração dos Sete Povos para o outro lado do Rio Uruguai significava o abandono de um trabalho incessante de mais de um século, o abandono de suas majestosas obras urbanísticas, inclusive a Igreja de S. Miguel, o abandono das lavouras, dos ervais, da ganadaria, levando em conta, especialmente, o compartilhamento do desespero e da inconformidade de seus índios.

Cumprindo as determinações das Coroas ibéricas, foi designado o Jesuíta, Padre Luiz Altamirano, para conseguir a adesão dos Missionários jesuítas à ordem de retirada das Reduções.

Valendo-se do voto de obediência a que estavam sujeitos os Padres Jesuítas, conseguiu da maioria a promessa de cumprimento do Tratado. Adesão que, todavia, não obteve dos indígenas, que até então sempre se haviam mostrado submissos, revoltaram-se.

Procurando conciliar seus deveres diante da Coroa espanhola e o seu dever como superior dos Jesuítas, o Provincial da Ordem formalizara, perante o Bispo de Buenos Aires, em 1753, a renúncia dos curatos dos Sete Povos. O Bispo, porém, informou-lhe que não dispunha de pessoal para enviar às povoações e substituir os Jesuítas. Estes permaneceram em suas Reduções e, mais tarde, foram processados, acusados de terem incentivado a reação indígena.

Tão logo noticiados os termos do Tratado e formados os dois exércitos para executá-lo, o Padre Nussdorfer procurou o Conde de Valdelírios, chefe do exército espanhol, solicitando-lhe um prazo de três anos para concluírem a emigração. A procura de novas terras para a fixação das Reduções retirantes, a construção de carroças para transportar os índios e seus pertences, as diligências para assegurar provisões necessárias ao abastecimento das populações emigrantes e recém-fixadas nos novos locais levaria considerável período de tempo. Valdelírios, externando sua prepotência, soberba e autoritarismo, teria respondido: — "Nem três anos, nem três meses."

Em 27 fevereiro de 1753, um grupo de índios intimou um destacamento de soldados que promoviam a demarcação nas proximidades de Santa Tecla a não prosseguirem com os trabalhos, sob pena de serem atacados. Em 1º de março, Sepé Tiaraju, alferes real do povo de S. Miguel, à frente de seus guerreiros, fez uma segunda intimação, reafirmando que não os deixaria passar. A oficialidade do corpo de demarcadores decidiu, então, retornar para Montevidéu e Colônia do Sacramento.

Em junho de 1753, os dois comandantes, representantes de espanhóis e portugueses, reuniram-se na Ilha de Martim Garcia, para ajustar o plano militar definitivo de tomada da região dos Sete Povos; era o início das operações militares.

Alguns contingentes indígenas chegaram a iniciar a busca de novas terras. Parte retornou às origens, sabedores da rebelião que se esboçava para uma luta de resistência contra os invasores. A exaltação dos ânimos, entre os indígenas, foi num crescendo incontrolável.

Ao mesmo tempo em que se desenrolavam as *démarches* para a invasão dos Sete Povos, os portugueses procuravam obstaculizar a entrega da Colônia do Sacramento.

Em 1756, as tropas hispano-portuguesas, partindo respectivamente de Montevidéu e Rio Grande, dirigiram-se à região dos Sete Povos, agora para uma inapelável invasão.

Tiaraju empreende uma guerra empregando guerrilha, com lutas de emboscadas.

Numa dessas ações, em 7 de fevereiro de 1756, confrontaram-se os componentes de uma tropa com 300 dragões castelhanos, mais 150 dragões portugueses, formando uma tropa de 450 homens, comandados por José Joaquim Viana, bem armados com armas de fogo, contra um grupo de 60 a 70 índios, armados com lanças, arcos e flechas, comandados pelo indômito Sepé Tiaraju, um dos mais destacados líderes da rebelião indígena. No combate Tiaraju é lanceado pelas costas por um soldado, caindo do cavalo. D. José Joaquim Viana, português, governador de Montevidéu, que comandava a tropa, descarregou seu revólver sobre o corpo moribundo de Tiaraju e determinou que fosse degolado. Os índios sobreviventes fugiram apavorados com a morte de seu chefe.

Sepé Tiaraju foi uma figura proeminente da resistência indígena, contra a invasão portuguesa-espanhola nos domínios missioneiros, o qual, misto de realidade histórica e lenda, tem sido alvo de interpretações contraditórias pelos historiadores sobre o seu papel em termos de Brasil.

O Historiador Mansueto Bernardi assim se refere a Sepé:

"Sepé tiaraju é, ainda, o líder e condutor da primeira e genuína revolução de índole democrática e defensiva e conteúdo cívico-social deflagrada no território do rio grande antigo."

O que parece inegável é que foi um bravo defensor dos interesses de sua gente, de sua cultura, de suas tradições, de sua independência, e não terá sido gratuito o culto que lhe foi devotado. Tiaraju foi elevado à condição de santo, pela cultura popular da região.

Passou a ser São Sepé. Veio, então, a dar nome a um dos municípios rio-grandenses, sendo considerado herói da resistência nativa. A lenda solidificou na tradição gaúcha o grito que Sepé teria bradado ao enfrentar o exército português-espanhol: — "Esta terra tem dono! Esta terra é nossa!"

Três dias depois, em Caiboaté, nova batalha, dois mil índios, armados com arcos e flechas, lanças, e comandados pelo Cacique Ñenguiru, enfrentaram o exército hispano-português, formado por cerca de 3.000 soldados, 400 peões e 200 índios minuanos, sendo os guaranis massacrados pelos soldados. Ao fim do combate, mil e quinhentos indígenas jaziam mortos em defesa de sua terra, 154 índios foram aprisionados, o restante conseguiu evadir-se.

Estavam abertas as portas do território dos Sete Povos das Missões.

Foi registrado um encontro entre Sepé Tiaraju e o chefe das tropas portuguesas, encarregado para, junto aos espanhóis, dar cumprimento ao Tratado de 1750, o general Gomes Freire de Andrade, numa tentativa frustrada para tentar uma solução pacífica com os indígenas. Ao chegar, Sepé foi advertido por um intérpretre, a fim de que deixasse suas armas para falar com o General, ao que lhe indagou o índio: Por quê? Se o general e seus homens estão armados?" Por meio do intérprete, Padre Clark, capelão do exército português, foi-lhe ordenado que apeasse do cavalo e beijasse a mão do general. Sepé respondeu que não beijava mão de homem e era o dono da terra. Sendo por Gomes Freire chamado de bárbaro, retrucou Sepé, dizendo que bárbaro era o general, que deveria sair desse território. Tendo Gomes Freire lhe oferecido rapé, Sepé sacou uma caixa de rapé, de seu bolso, dizendo que o seu era melhor. Depois, retirou-se a galope, resultando fracassada a reunião de Paz, ficando apenas o registro de um encontro entre a soberba de um general branco e a ousadia corajosa de um indígena defendendo sua terra, suas tradições e sua cultura.

Sufocada a rebelião, cerca de dois terços da população dos Sete Povos foi para a outra margem do Uruguai, distribuídos entre as Reduções lá localizadas.

O mais trágico de todos esses acontecimentos é que pouco depois, em 1761, de comum acordo, Portugal e Espanha tornaram sem efeito o Tratado de Madri, de 1750, voltando-se as fronteiras entre Espanha e Portugal ao *status quo*.

Vale dizer: milhares de vidas foram ceifadas, um projeto social já secular destruído, e para quê? Para nada!

Pelo Tratado del Pardo, de 1761, ficava anulado o Tratado de Madri e os Sete Povos continuariam a pertencer à Espanha.

Em 1777, o Tratado de Santo Ildefonso estipulou que tanto a Colônia do Sacramento quanto os Sete Povos das Missões ficariam em poder da Espanha. Já Santa Catarina e parte do Rio Grande do Sul, exceto os Sete Povos, seriam devolvidos a Portugal.

O território dos Sete Povos foi conquistado, depois, pelas armas, em ação comandada pelo estancieiro Manuel dos Santos Pedroso e o contrabandista e desertor dos dragões José Borges do Canto. O território voltava, assim, definitivamente ao domínio de Portugal.

O resultado final de todas essas ações, idas e vindas, foi a destruição definitiva dos Sete Povos das Missões e o êxodo final dos guaranis. Parte dos indígenas acompanhou o caudilho Rivera, rumo ao Uruguai, parte foi trabalhar nas estâncias da região e parte saiu a vagar pelo Estado, sem rumo nem futuro.

XIII

A EXPULSÃO DOS JESUÍTAS

As doutrinas professadas pelos Jesuítas a respeito da origem do Poder enfraqueciam a autoridade real. A tese de que Poder vem aos Reis pelo Povo, com direitos e deveres recíprocos, contrariando a origem divina das realezas, tendia a enfraquecer a autoridade real.

É interessante observar que até 1750 o trabalho dos Jesuítas, na província Paraguaia, era reiteradamente exaltado, elogiado pela Coroa Espanhola, contudo, antes do fim do século, foram expulsos.

No Brasil, os Jesuítas haviam sido expulsos em 1759. Na Espanha e América, foram expulsos em 1767. Os padres não opuseram resistência à ordem de expulsão.

Saíram em 1768 sem opor resistência e conscientes da inutilidade de uma reação diante da força que os invasores haviam devastado na conquista. Presos foram confinados em Buenos Aires e no ano seguinte embarcados e enviados ao exílio, para os Estados Pontifícios, tendo seus bens confiscados.

Encerrava-se um ciclo na História, não só da América, mas na História da Humanidade. Às Utopias passadas, no mundo das Idéias, somava-se, agora, uma utopia concretizada, no plano da realidade, uma utopia construída com suor e sangue, com erros e acertos, com altos e baixos, sem dúvida, subordinada ao momento histórico em que viveram seus protagonistas, com as Verdades de seu Mundo, com seus valores, que se nos permite possam ser contestados, diante da inspiração ideológica de um ou outro, mas, em nenhum momento, afigura-se-nos poder duvidar de sua honestidade de propósitos e do extraordinário exemplo de persistência e tenacidade.

A expulsão dos Jesuítas deverá ser debitada, especialmente, à conjuntura política européia. A Igreja, defendida pelos Jesuítas, representava a estrutura antiga, à qual se antepunha o Iluminismo.

Por outro lado, pretendia-se robustecer o autoritarismo do poder real e não se admitiria o surgimento de forças que lhe pudessem fazer sombra.

Entre as acusações formuladas contra os Jesuítas espanhóis, para fundamentar sua expulsão de seus domínios, estava a implantação de um regime despótico nas Missões do Paraguai.

Com a expulsão dos Jesuítas, as Reduções entraram em rápido declínio. Com os Jesuítas foram-se, também, a ordem, a paz, o equilíbrio e a solidariedade social nas Reduções.

Os militares e civis que passaram a governar as Reduções Jesuíticas desmantelaram todo o seu sistema econômico-produtivo com bases comunitárias. A agricultura foi abandonada, o gado dispersou-se e os ofícios desapareceram. A corrupção passou a imperar impune e desenfreadamente.

Aos padres seculares e de outras Ordens religiosas, que passaram a atuar junto aos índios remanescentes (Franciscanos, Dominicanos e Mercedários), nenhuma intromissão foi permitida, em assuntos da administração interna das Reduções, além de a maioria desconhecer a língua nativa, a índole e as tradições dos guaranis.

O objetivo último das novas administrações reducionais era a conquista de mão-de-obra indígena barata, dócil e já formada.

O governador espanhol Francisco de Paula Bucarelli, em instrução proclamada, prometia aos guaranis Civilização, Cultura e Comércio. Civilização significaria a predominância da propriedade privada; cultura, a adoção da língua espanhola; comércio implicava na livre movimentação às e das antigas Reduções.

O que se viu foi uma população cada dia mais desfibrada, mais marginalizada, tendo seu patrimônio delapidado, passando a constituir as periferias das cidades da época sem as mínimas condições de sobrevivência digna.

Se é verdade que se conhece a árvore pelos frutos que produz, pode-se dizer que a expulsão dos jesuítas e a tentativa de expulsão dos Sete Povos sul-rio-grandenses foi um fruto muito amargo para a nação guarani, mesmo se considerando os aspectos apontados como negativos no projeto social desenvolvido nas Reduções.

A população começou a dispersar-se. Alguns voltaram para a selva, outros saíram a perambular pelas estradas e caminhos, alguns se empregaram em terras portuguesas ou espanholas, em troca de irrisório jornal.

Borges do Canto, com 80 companheiros, saiu de Rio Pardo, em 1801, para a conquista das Missões. A expedição foi-se avolumando no caminho, de sorte que, ao chegar em S. Miguel, contava a expedição com cerca de 1.200 homens, aos quais se renderam os contingentes espanhóis ali aquartelados.

Teve Borges do Canto a adesão de grande número de indígenas descontentes com os desmandos dos espanhóis.

A partir de 1801, a administração civil portuguesa, que passou a comandar as reduções, acentuou ainda mais a decadência.

A Região ainda foi cenário de tropelias militares, decorrentes das ações de Andresito Artigas e do General Rivera.

Sobre este último, ressalta-se que, em 1828, ao deixar a Região, levou cerca de sessenta carretas, carregadas com estátuas, obras de arte e objeto de adorno de igrejas, acompanhado por mais de dois mil índios, que fundaram a cidade de Bela Unión, no Uruguai.

O sonho da Terra sem Males havia sido destruído, a Utopia estava encerrada. Precisava ser destruída, pois era uma Utopia que não se ajustava aos padrões, sistemas e expectativas correntes, seja no aspecto social, seja no econômico e até no religioso. O cristianismo primitivo a inspirar um projeto de vida comunitária, mais igualitária, mais solidária, estava na contramão de uma nova Igreja Católica.

Enquanto as outras Utopias haviam sido criadas no mundo teórico das abstrações, da criação imaginária, esta fora uma Utopia concreta, transformada em vida real, com seres humanos de corpo e alma, criada com suor e lágrimas a inundarem as esperanças de um mundo melhor, de uma vida mais digna. Esta Utopia, que poderia ser considerada como um socialismo *sui generis*, tinha, realmente, de desaparecer, não pelo fracasso interno, mas pelas forças externas que não a poderiam mais tolerar e precisavam desmontar este audacioso projeto que poderia confrontar-se com os outros sistemas então vigentes e/ou projetados. Neste confronto não teria condições de sobreviver.

Após a expulsão dos jesuítas, uma verdade tornou-se, logo, inafastável: enquanto as comunidades empobreciam, os administradores enriqueciam.

XIV

A DESTRUIÇÃO

Com a derrota pelas armas, com o parcial êxodo das populações reduzidas para a costa ocidental do Rio Uruguai e com a saída dos jesuítas, os Sete Povos entraram num processo de degradação e final destruição. Iniciou-se esse processo com a secularização administrativa.

A Orientação religiosa foi conferida a sacerdotes carentes de melhor conhecimento sobre a história, a cultura, e a psicologia dos guaranis.

Em 1801, a população dos Sete Povos não chegaria a 10.000 almas.

Procurou-se promover a "civilização" dos guaranis, substituindo sua língua pelo espanhol, permitindo os casamentos mistos, abrindo o acesso de qualquer pessoa ao âmbito da Redução, procurando induzir os índios à prática do comércio, com isso, ignorando-se a cultura guarani, suas tradições, suas deficiências e suas características psicológicas. Destruiu-se sua estabilidade.

Um dos últimos capítulos da extinção dos Povos Missioneiros foi a atuação do caudilho Frutuoso Rivera, antes referido, que conseguiu ser seguido por milhares de guaranis, que o acompanharam em direção à República do Uruguai.

Os remanescentes foram-se dispersando, aos poucos, num novo e definitivo êxodo.

O guarani, antes sadio de corpo e espírito, transformou-se num pária.

CONCLUSÕES

Não cabe, agora, denegrir-se ou exaltar-se o passado, levando como parâmetro os padrões históricos de nossos dias, mas procurarmos enquadrar a evolução de institutos e fatos socioeconômicos-culturais dentro do contexto em que se desenvolveram.

Transcorridos dois séculos e meio desde o fim da época áurea das Missões, podemos lançar um olhar sobre esse extraordinário projeto social desenvolvido entre as pradarias e as florestas do imenso território que constituía a Província do Paraguai, abrangendo partes das Repúblicas do mesmo nome, Argentina, Uruguai e Brasil, atingindo centenas de milhares de criaturas, desenvolvendo culturas, indústrias, artes e ciências em face da sociedade civil que os rodeava.

Se não foi um projeto perfeito, foi, entretanto, o mais conveniente para a sobrevivência do gentio, salvando-os de um genocídio generalizado. Eliminada foi a miséria e o luxo, não havendo deserdados.

Mesmo depois de transcorridos dois séculos e meio, distorções de apreciação são enunciadas, ora geradas pelo estrabismo dos preconceitos religiosos, ora por inconseqüentes ufanismos nacionalistas.

Desenvolveram os Padres Jesuítas, nas Reduções, outrossim, um sistema de educação pelo trabalho, instituindo uma verdadeira laborterapia.

Tomando como objetivo a História do Trabalho, impõe-se considerar:

1º) As Reduções Jesuíticas, entre os Guaranis, inclusive em solo brasileiro, criaram uma sociedade que não estava, como hoje, dividida entre produtores e consumidores.

2º) O trabalho não era uma mercadoria. A entidade capitalista era a comunidade, na qual participavam todos, sem luxo e sem miséria.

3º) Os dados colhidos da época atestam que a produção de cada Redução equivalia, em média, a dez vezes o necessário para atender às necessidades da comunidade. O excedente revertia-se em benefício desta, enquanto o excedente da produção necessária à família do produtor individual, entre os colonizadores da época, se revertia em benefício destes, com a acumulação de riqueza pessoal, sem benefício maior para o fornecedor da força de trabalho.

4º) Se épocas de privações houve, decorrentes de intempéries climáticas, doenças e ataques de índios e mamelucos, enfrentaram a fome sem perder a dignidade. No curso desse século e meio, a concretização deste projeto social sofreu fracassos e obteve sucessos, teve avanços e recuos, mas manteve sempre na relação Homem-Trabalho a mais elevada inspiração da dignificação de ambos.

5º) O trabalho era considerado um dever social, a ser desenvolvido de acordo com os talentos de cada um. Todos, do mais prestigiado membro do *Cabildo* e do mais respeitável cacique, ao mais humilde índio, se confundiam envolvidos no trabalho cotidiano.

6º) O bem-estar da comunidade dependia do trabalho coletivo, sendo o ócio considerado como conduta anti-social intolerável.

7º) Um regime de sete horas de trabalho diário, com repouso semanal, era suficiente para assegurar um sistema de seguridade social, em que se cuidava do atendimento aos enfermos e manutenção dos idosos e incapacitados.

Sobre o Trabalho repousavam os fundamentos de toda estrutura social e econômica, o que é mais admirável, considerando terem obtido esse sistema com um grupo humano que, antes da fase reducional, nutria atávico desamor ao labor sistematizado e organizado.

Muitos aspectos negativos, ou pelo menos discutíveis, são apontados no trabalho e na conduta dos Padres Jesuítas, no desenvolvimento de seu projeto social na Província do Paraguai.

Em primeiro lugar, por terem permanecido com a impressão inicial de que o guarani necessitava de tutela permanente, sem capacidade de evoluir. No transcurso das décadas que se seguiram à instalação das Reduções, inúmeros índios se destacaram por seu talento e capacidade individual, seja nas artes, nos ofícios, nas operações de guerra. Os Jesuítas não se teriam esforçado para estimular e desenvolver as capacidades individuais dos indígenas que se foram destacando. Note-se que somente 34 anos após a expulsão dos Jesuítas foi ordenado o primeiro índio guarani, como Padre, em 1802, Francisco Xavier Tubichapota.

Também teriam os Padres Jesuítas manifestado uma dubiedade de conduta ao se empenharem com toda a tenacidade na luta contra a servidão dos indígenas, nas *encomiendas*, ao mesmo tempo em que, em seus colégios, mantinham escravos negros.

Algumas das acusações, levantadas por opositores dos Jesuítas, se nos afiguram que não tinham maior fundamento.

A tentativa de formação de um Estado Teocrático, independente de Espanha e Portugal, que se constituiu em uma das acusações mais correntes, quando da expulsão dos Jesuítas, parece não encontrar respaldo na realidade. As "Leyes de los Reynos de las Indias", legislação maior a determinar as relações nas novas terras descobertas, sempre foram respeitadas pelas Reduções, a eleição do Poder Civil em cada Redução, representado pelo *Cabildo,* era referendada pelo Governador da Província, os tributos eram pagos ao Erário espanhol, quando em perigo os interesses espanhóis; diante de ameaças externas ou internas, os indígenas reduzidos sempre acorreram em defesa da Coroa Espanhola.

Por outro lado, a acusação de que os Padres Jesuítas estariam amealhando grandes fortunas, em ouro e prata, nas Reduções, nunca restou com um mínimo de comprovação. Não se tem notícia das alardeadas portentosas minas de ouro e prata nas terras da Província do Paraguai.

Finalmente, a acusação de que os Jesuítas mantinham os indígenas em regime de escravidão ou cativeiro dissimulado também se afigura improcedente. Não é crível que dois padres, mesmo auxiliados por alguns coadjutores, pudessem por mais de um século manter em regime de escravidão comunidades formadas por seis ou sete mil indígenas, que foi o número de habitantes constatado em diversas Reduções, especialmente considerando o amor à liberdade e a capacidade de resistência que demonstraram os guaranis, quando da ordem de expulsão do território rio-grandense, pelo Tratado de Madri, em 1750.

Levando-se em conta que na América do Norte os conquistadores simplesmente mataram os índios, na América do Sul, os portugueses os escravizavam e os espanhóis reduziam os nativos a servos da gleba, não é de se estranhar que um projeto de trabalho livre, em que a força de trabalho se revertia em benefício da comunidade e não de um tomador do trabalho, deveria despertar, como despertou, reações enormes, antepondo-se obstáculos de toda ordem ao êxito do empreendimento.

Finalizando, podemos formular uma conclusão e uma indagação: A conclusão: As Reduções Jesuíticas, com os guaranis, nos séculos XVII e XVIII, foram a concretização da idéia de que OUTRO MUNDO ERA POSSÍVEL. E nossa indagação, hoje, em pleno século XXI, quando o trabalho foi reduzido a simples mercadoria, sujeita às leis do mercado, continuará sendo: — OUTRO MUNDO É POSSÍVEL?

OBRAS E TRABALHOS CONSULTADOS

ALMEIDA, Rita Heloísa de. *O diretório dos índios* — um projeto de civilização no Brasil do século XVIII. Brasília: UNB, 1997.

ANGELIS, Pedro de (Coleção).(*)

BAIOTO, Rafael (co-autoria com Julio Quevedo). *São Miguel* — a saga do povo missioneiro. Porto Alegre: Martins Livreiro, 2005.

_______. (co-autoria). *São Luiz Gonzaga & São Lourenço Mártir*. Porto Alegre: Martins Livreiro, 1998.

BARCELOS, Artur H. F. *Espaço e arqueologia nas missões jesuíticas* — o caso de São João Batista. Porto Alegre: PUCRS, 2000.

BARENDESE, João Adolfo (SDV). *Preliminares históricos indispensáveis para localização das tribos indígenas na época das reduções jesuíticas em Guairá.* Trabalho apresentado ao II Simpósio Nacional de Estudos Missioneiros. Santa Rosa/RS, 1977, Anais.

BASTOS, Augusto Roa. *Tentación de la utopía* — La República de los jesuitas en el Paraguay. Barcelona: Tusquets/Circulo, 1991.

BECKER, Ítala Irene Basile. *Os índios da banda oriental do Uruguai. Os charrua e minuano*: seu histórico, abastecimento e assentamento. Sua relação com as frentes expansionistas. Trabalho apresentado no II Simpósio Nacional de Estudos Missioneiros. Santa Rosa/RS, 1977.

(*) Trata-se de uma coleção que, quando oferecida à venda, contaria com 2.785 livros e 1.291 documentos e mapas, num total de 4.076 obras. Algumas peças teriam sido trocadas quando da entrega, sem que isso desvalorizasse o conjunto da obra. Parte foi destinada ao Arquivo da Secretaria do Ministério dos Negócios Estrangeiros e a maior parte à Biblioteca Nacional. De Angelis, napolitano radicado na Argentina, onde viveu, com pequenas interrupções, seus últimos trinta e dois anos, faleceu em 1859. Personagem contraditório, sem dúvida brilhante, com vasta cultura, colocou seus serviços aos governos argentinos de Rivadávia e de Rosas, donde conclusões controvertidas, de acordo com a inclinação política dos historiadores. Celebrizou-se, entre outras atividades, pelos seus estudos e pesquisas sobre a Província do Rio da Prata e Província do Paraguai. Depois de muitas démarches, a coleção foi adquirida pelo Governo Brasileiro e hoje constitui uma das principais fontes de pesquisa sobre os primórdios da colonização da região compreendida pelo Rio da Prata e Província do Paraguai, onde se desenvolveram os Trinta Povos das Missões Jesuíticas, dentre as quais os Sete Povos das Missões sul-rio-grandenses.

BERKAI, Dorival (co-autoria). *500 anos de história da erva-mate*. Ed. Cone Sul, 2000.

BLANCO, Ricardo Roan. (co-autoria com Leandro Tormo Sanz). *Montoya y su lucha por la libertad de los indios*. São Paulo: Enveloart, 1989.

BRUNO, Cayetano. *Las reducciones jesuiticas de indios guaraníes*. Argentina: Didascalia-Rosario, 1991.

BRUXEL, Arnaldo. *Os trinta povos guaranis*. Porto Alegre: Universidade de Caxias do Sul — Escola Superior de Teologia São Lourenço de Brindes e Livraria Sulina, 1978.

CABEY, Juana Pais de (co-autora do trabalho apresentado com Ítala Irene Basile Becker).

CABRAL, Luiz Gonzaga (S. J.). *Jesuítas no Brasil*. São Paulo: Melhoramentos, 1925.

CAPDEQUÍ, Jose Maria Ots. *El Estado español en las indias*. México: Fondo de Cultura Económica, 5ª reimpr., 1976.

_______. *Historia del derecho español en America y del derecho indiano*. Madri: Aguilar, 1969.

CESAR, Guilhermino. *História do Rio Grande do Sul* — período colonial. 3. ed. Porto Alegre: Martins Livreiro, 2002.

CHEUICHE, Alcy. *Sepé Tiaraju* — romance dos sete povos das missões. 6. ed. Porto Alegre: AGE, 2004.

CLÓVIS, Airton (co-autoria com Dorival Berkai). *500 anos de história da erva-mate*. Ed. Cone Sul, 2000.

CORTESÃO, Jaime. *Jesuítas e bandeirantes no Guairá* (manuscritos da Coleção de Angelis). Introdução, notas e glossário. Rio de Janeiro: Biblioteca Nacional, 1951.

_______. *Jesuítas e bandeirantes no Itatim* (Manuscrito da Coleção de Angelis II). Introdução, notas e glossário. Rio de Janeiro: Biblioteca Nacional, 1952.

CRUZ, Beatriz Mânica da. *Santo Ângelo* — um município em construção das missões até 1930. Ed. Fundames, 1986.

DALCIN, Ignácio. *Em busca de uma terra sem males*. Porto Alegre: EST/Palmarinca, 1993.

DUVIOLS, Jean-Paul (Co-autoria com Augusto Roa Bastos). *Tentación de la utopía* — La República de los jesuitas en el Paraguay. Barcelona: Tusquets/Circulo, 1991.

FAGUNDES, Antonio Augusto. *História do Rio Grande do Sul*. 5. ed. Porto Alegre: Martins Livreiro, 2006.

FLORES, Moacyr. *As vacarias e as estâncias missioneiras*. Trabalho apresentado no II Simpósio Nacional de Estudos Missioneiros. Santa Rosa/RS, 1977, Anais.

_______. *Colonialismo e missões jesuíticas*. PortoAlegre: Ed. EST/Instituto de Cultura Hispânica do Rio Grande do Sul, 1983.

_______. *A Expulsão dos Jesuítas*. Trabalho apresentado ao I Simpósio Nacional de Estudos Missioneiros. Santa Rosa/RS, 1975, Anais.

_______. *As bandeiras no Guairá e no Tape*. Trabalho apresentado ao IV Simpósio Nacional de Estudos Missioneiros. Santa Rosa/RS, 1979, Anais.

_______. *História do Rio Grande do Sul*. 7. ed. Porto Alegre: EDIPLAT, 2003.

FRANZEN, Beatriz Vasconcelos. *Os jesuítas portugueses e espanhóis e sua ação missionária no sul do Brasil e Paraguai* (1580-1640). São Leopoldo: Unisinos, 1999.

_______. *Jesuítas portugueses e espanhóis no sul do Brasil e Paraguai coloniais* — novos estudos. São Leopoldo: Ed. Unisinos, 2005.

FREITAS, Décio. *Missões* — crônica de um genocídio. 3. ed. Porto Alegre: Movimento, 1998.

_______. *O socialismo missioneiro*. Porto Alegre: Ed. Movimento, 1982.

FURLONG, Guillermo. *Los jesuitas y la escisión del reino de indias*. Buenos Aires: Amorrortu, 1960.

_______. *Misiones y sus pueblos de guaranies*. 2. reed. Posadas: Posadas, 1978.

GADELHA, Regina Maria D'Aquino Fonseca. *A presença dos jesuítas no Guairá*. Trabalho apresentado ao IV Simpósio Nacional de Estudos Missioneiros. Santa Rosa, 1981, Anais.

GALILEANO, Ana Maria. *Las reducciones guaraníticas*. Buenos Aires: Ediciones Culturales Argentinas, 1979.

GÁLVEZ, Lucía. *Guaraníes y jesuitas*. De la tierra sin mal al paraíso. Buenos Aires: Sudamericana, 1995.

GIRON, Loraine Slomp. *A pecuária*: fator de integração do Rio Grande do Sul. Trabalho apresentado no II Simpósio Nacional de Estudos Missioneiros. Santa Rosa/RS, 1977, Anais.

GOLIN, Tau. *A guerra guaranítica*. Porto Alegre-Passo Fundo: UFRGS-UPF, 1998.

______. *Etnocídio e herança indígena*. Série de textos jornalísticos. Passo Fundo: Universidade de Passo Fundo, 1999.

______. *O povo do pampa*. Passo Fundo-Porto Alegre: EDIUPF-Sulina, 1999.

GOMES, Roselene Moreira (co-autoria com Júlio Quevedo). Porto Alegre: Martins Livreiro, 2003.

GONZÁLEZ, Luis Rodolfo. *Guaraníes y paisanos*. Montevidéu: Nuestras Raices, 1990.

GRAAELL, Francisco. *O passado missioneiro no diário de um oficial espanhol*. Santa Cruz do Sul: UNISC, 1998.

GRAHAM, Robert B. Cunninghame. *La arcadia perdida* — una historia de las misiones jesuiticas. Buenos Aires: Emecé, 2000.

GRISOLIA, Amado. *Resumo histórico das reduções jesuíticas*. Ed. Prefeitura Municipal de Santo Ângelo, 1976.

HANSEL, José. *A pérola das reduções jesuíticas*. 4. ed. Porto Alegre: Martins Livreiro, 1988.

______. *História dos sete povos da missões*. Santo Ângelo: Livraria Missioneira, 1951.

HAUBERT, Máxime. *Índios e jesuítas no tempo das missões*. São Paulo: Companhia das Letras, 1990.

______. *La vida cotidiana de los indios y jesuitas en las misiones del Paraguay*. Madri: Temas de Hoy, 1991.

HERNÁNDEZ, Rafael. *Cartas missioneras*. Reproducción. Ed. Universitária de Buenos Aires, 1973.

HOORNAERT, Eduardo (Coord.). *História da Igreja no Brasil*. 3. ed. Petrópolis: Paulinas — Vozes, 1983. tomo II/1.

JUNG, Roberto Rosi. *Esta terra tem dono, esta terra é nossa*. Porto Alegre: Martins Livreiro, 2005.

KERN, Arno Alvarez. *Missões*: uma utopia política. Porto Alegre: Mercado Aberto, 1982.

KOHLER, Léo (S. J.). *Os três heróis de Caaró*. São Paulo: Loyola, 1976.

LACOUTURE, Jean. *Os Jesuítas*. 1. Os conquistadores. São Paulo: L&PM, 1994.

LANGER, Protásio Paulo. *Os guarani-missioneiros e o colonialismo luso no Brasil meridional*. Porto Alegre: Martins Livreiro, 2005.

_______. *A aldeia Nossa Senhora dos Anjos*. EST, 1997.

LAZZAROTO, Danilo. *Encomiendas e povos das missões*. Trabalho apresentado no II Simpósio Nacional de Estudos Missioneiros. Santa Rosa/RS, 1977, Anais.

_______. *Primeiras reduções do Rio Grande do Sul*. Trabalho apresentado no I Simpósio Nacional de Estudos Missioneiros. Santa Rosa/RS, 1975, Anais.

_______. *Os sete povos das missões*. Ijuí: FIDENE, 1981.

LEITE, Bazilisso. *Generalidades das missões jesuíticas*. Santo Ângelo: Gráfica Jornal das Missões, 1998.

LESSA, Barbosa. *São Miguel da humanidade* — uma proposição antropológica. Porto Alegre: Samrig, 1984.

LEVENE, Ricardo. *Las indias no eran colonias*! Buenos Aires: Corrigidor, 1991.

LOZANO, Pablo (S. J.). *Las misiones jesuiticas*. Buenos Aires: E. Lúmen, 1989.

LUGON, Clovis. *A República comunista cristã dos guaranis*. Rio de Janeiro: Paz e Terra, Rio de Janeiro, 1968.

MAEDER, Ernesto J. A. *Aproximación a las misiones guaraníticas*. Buenos Aires: Universidade Católica Argentina, 1996.

MALLMANN, Alfeu Nilson. *Retrato sem rotoque das missões guaranis*. Porto Alegre: Martins Livreiro, 1986.

MELIÁ, Bartomeu (S. J.). *Las reducciones jesuiticas del Paraguay*: un espacio para uma utopía colonial. Trabalho apresentado no II Simpósio Nacional de Estudos Missioneiros. Santa Rosa/RS, 1977, Anais.

_______. (co-autoria). *Guaraníes y jesuitas en tiempo de las misiones*. Santo Ângelo: Ed. URI (Universidade Regional Integrada do Alto Uruguai e das Missões), 1995.

______. *O guarani* — uma bibliografia etnológica. Santo Ângelo: Fundação Missioneira de Ensino Superior, 1987.

______. *El guaraní conquistado y reducido*. Assunção: CEADUC, 1988.

MELO, Sebastião José de Carvalho e (Marquês de Pombal). *República jesuítica ultramarina*. Porto Alegre: FUNDAMES/Martins Livreiro, 1989.

MIORIN, Vera Maria Favila. *Determinação do sítio urbano nas reduções*. Comunicação apresentada ao I Simpósio Nacional de Estudos Missioneiros. Santa Rosa/RS, 1975, Anais.

MONTOYA, Antônio Ruiz de. *Conquista espiritual*. 2. ed. brasileira. Porto Alegre: Martins Livreiro, 1997.

MOOG, Vianna. *Bandeirantes e pioneiros*. 10. ed. Porto Alegre: Globo, 1973.

MÖRNER, Magnus. *Actividades políticas y económicas de los jesuitas en el Rio de la Plata*. Buenos Aires: Hyspamerica, 1968.

MÜLLER, René Fülöp. *Os jesuítas e o segredo do seu poder*. Porto Alegre: Livraria do Globo, 1935.

MURARO, Valmir Francisco (co-autoria com Bartolomeu Meliá). *O guarani* — uma bibliografia etnológica. Santo Ângelo: Fundação Missioneira de Ensino Superior, 1987.

MURR, Christovão Theophilo de. *História dos jesuítas no Ministério do Marquês de Pombal*. Porto Alegre: Ed. do Centro, 1923.

NAGEL, Liane Maria (co-autoria com Bartolomeu Meliá). *Guaranies y jesuítas en tiempo de las misiones*.

NASCIMENTO, Anna Olivia do (co-autoria com Rafael Baioto). *São Luiz Gonzaga & São Lourenço Mártir*. Porto Alegre: Martins Livreiro, 1998.

NEUMANN, Eduardo. *O trabalho guarani missioneiro no Rio da Prata colonial* — 1640-1750. Porto Alegre: Martins Livreiro, 1996.

PALACIOS, Silvio. *Gloria y tragedia de las misiones guaranies*. Bilbao: Mensajero, 1991.

PASTEKNIK, Elsa Leonor. *Misiones y sus leyendas*. Buenos Aires: Plus Ultra, 1977.

PINHEIRO, José Feliciano Fernandes (Visconde de S. Leopoldo). *Anais da Província de S. Pedro*. Rio de Janeiro: Imprensa Nacional, 1946.

PINTO, Anibal Barrios. *Los aborigenes del Uruguay*. Ed. Linardi y Risso, 1991.

PINTO, Luis Flodoardo Silva. *As missões orientais* — epopéa jesuítica no sul do Brasil. Porto Alegre: AGE, 2002.

PIPI, Glaldis. *História cultural das missões* — memórias e patrimônio. Porto Alegre: Ed. Martins Livreiro, 2005.

PISTORI, Gerson Lacerda. *História do direito do trabalho* — um breve olhar sobre a Idade Média. São Paulo: LTr, 2007.

POÇAS, Iria Muller. *Um gauchinho nas missões*. Porto Alegre: Iriar, 1995.

PORTO, Aurélio. *História das missões orientais do Uruguai*. Porto Alegre: Livraria Selbach, 1954.

PREIS, Jorge Hirt. *A música nas missões jesuíticas nos séculos XVII e XVIII*. Porto Alegre: Martins Livreiro, 1988.

QUEVEDO, Júlio. *São Nicolau*. Porto Alegre: Martins Livreiro, 2003.

______. *São Miguel* — a saga do povo missioneiro. Porto Alegre: Martins Livreiro, 2005.

______. *Rio Grande do Sul* — aspectos das missões (em tempo de despotismo esclarecido). Porto Alegre: Martins Livreiro, 1998.

______. (co-autoria com Rafael Baioto). *São Luiz Gonzaga & São Lourenço Mártir*. Porto Alegre: Martins Livreiro, 1998.

______. (Org.). *Rio Grande do Sul* — quatro séculos de história. Sobre o tema das Missões, desenvolveram temas: Júlio Quevedo, Saul Eduardo Seiguer Mulder e André Luiz R. Soares. Porto Alegre: Martins Livreiro, 1999.

RABUSKE, Arthur (S. J.). "*O modelo das reduções guaranis*: brasileiro ou peruano." Trabalho apresentado no II Simpósio Nacional de Estudos Missioneiros. Santa Rosa/RS, 1977, Anais.

______. *A Carta Magna das reduções do Paraguai*. Trabalho apresentado no II Simpósio Nacional de Estudos Missioneiros. Santa Rosa/RS, 1977.

______. *A doutrina de Juli, do Peru, como modelo inicial das reduções do antigo Paraguai*. Trabalho apresentado no I Simpósio Nacional de Estudos Missioneiros. Santa Rosa/RS, 1975, Anais.

______. *Ano dos mártires das missões*. Porto Alegre: Metrópole, 1978.

______. *As assim-chamadas "bandeiras" paulistas de 1580-1640 ou busca de um conceito mais adequado delas*. Trabalho apresentado no IV Simpósio Nacional de Estudos Missioneiros. Santa Rosa, 1981, Anais.

RAMOS, Raimundo Fernández. *Apuntes históricos sobre misiones*. Madri: Espasa-Calpe, 1929.

RUSCHEL, Ruy Rubens. Sistema jurídico dos povos missioneiros. In: *Direito e justiça na América indígena*. Porto Alegre: Livraria do Advogado, 1998.

______. O direito de propriedade dos índios missioneiros. *Revista Veritas*, Porto Alegre, v. 39, p. 103-116, mar. 1994.

SAGASTIZÁBAL, Patrícia. *En nombre de Dios* — la cruzada de un jesuita en tierra americana. Buenos Aires: Sudamericana, 1997.

SAGUIER, Ruben Bareiro (co-autor com Augusto Roa Bastos). *Tentación de la utopía* — la República de los jesuitas en el Paraguay. Barcelona: Tusquets/Circulo, 1991.

SAINT-HILAIRE, Auguste de. *Viagem ao Rio Grande do Sul*. Porto Alegre: Martins Livreiro, 1987.

SANTOS, Pedro Marques dos. *São João Batista* — 1697-1986. Porto Alegre: Pallotti, 1986.

______. *São Nicolau do Piratini* — 1626-1985. Porto Alegre: CORAG, 1985.

______. *São Miguel Arcanjo* — 1632-1986. Porto Alegre: Pallotti, 1986.

SANZ, Leandro Tormo (co-autor). *Montoya y su lucha por la libertad de los indios*. São Paulo: Enveloart, 1989.

SAUL, Marcos Vinicios de Almeida (co-autoria com Bartolomeu Meliá). *O guarani* — uma bibliografia etnológica. Santo Ângelo: Fundação Missioneira de Ensino Superior, 1987.

SCHWADE, Egídio. *Organização social, política e econômica das missões*. Trabalho apresentado no I Simpósio Nacional de Estudos Missioneiros". Santa Rosa/RS, 1975, Anais.

SEPP, Antônio (S. J.). *Viagem às missões jesuíticas e trabalhos apostólicos*. Ed. Martins/Universidade de São Paulo, 1972.

_______. *Relación de viaje a las misiones jesuiticas* (v. I); *Continuación de las labores apostólicas* (v. II); e *Jardín de flores paracuario* (v. III). Ed. Universitária de Buenos Aires, 1974.

SEVERAL, Rejane da Silveira. *A guerra guaranítica*. Porto Alegre: Martins Livreiro, 1995.

SILVEIRA, Hemetério José Velloso da. *As missões orientais e seus antigos domínios*. Porto Alegre: Erus, 1979.

SIMON, Mário. *Os sete povos das missões* — trágica experiência. Porto Alegre: Martins Livreiro, 1939.

SOARES, André Luis R. *Guarani* — organização social e arqueológica. Porto Alegre: EdiPUCRS, 1997.

SOARES, José Carlos de Macedo. *Fronteiras do Brasil no regime colonial*. Ed. José Olímpio, 1939.

SUAREZ, Sofia. *El fenómeno sociológico del trabajo industrial en las misiones jesuiticas*. Tese de doutorado, Publicação Universidad Nacional de Buenos Aires, 1920.

TREVISAN, Armindo. *A escultura dos sete povos*. Ed. Movimento, 1978.

VARESE, Susana Rodríguez (co-autoria com Luis Rodolfo González). *Guaraníes y paisanos*. Montevidéu: Nuestras Raices, 1990.

VIDART, Daniel. *Ideología y realidad de América*. 4. ed. Montevidéu: Nuestra Tierra, 1990.

WOLKMER, Antonio Carlos (Org.). *Direito e justiça na América indígena*. Porto Alegre: Livraria do Advogado, 1998.

WOODROW, Alain. *Los jesuitas* — historia de un dramático conflicto. Ed. Sudamericana/Planeta, 1985.

_______. *El juzgado general de indios en la nueva España*. México: Fondo de Cultura Económica, reimpr., 1996.

ZOFFOLI, Ena (co-autoria com Silvio Palácios). *Gloria y tragedia de las misiones guaranies*. Bilbao: Mensajero, 1991.

Autores Diversos. *O legado das missões*. Porto Alegre: WS, 2000.

Coordenador: Luiz Coronel. Textos e poemas de Luiz Coronel, Armindo Trevisan, Carlos Nejar, Luiz de Miranda, Alcy Cheuiche, Paulo Roberto do Carmo, Jayme Caetano Braun, João Simões Lopes Neto, Elvio Vargas.

______. *Missões jesuítico-guaranis*. São Leopoldo: Unisinos, 2002. Textos de Renato Dalto, Décio Freitas, Barbosa Lessa, Armindo Trevisan, Nestor Torelliy Martins, Pedro Ignácio Schmitz.

APÊNDICE

REGULAMENTO GERAL DOS JESUÍTAS (enviado pelo Provincial Padre Tomás Donvidas e aprovado pelo Geral, Padre Tirso, em 1689)

Este Regulamento constitui-se na "Lei Orgânica" das Reduções que compuseram os Trinta Povos das Missões, entre elas os Sete Povos situados no Rio Grande do Sul.

As Instruções anteriores, emanadas do Padre Torres, em 1609 e 1610, ainda que a segunda viesse endereçada para todas as Reduções da Província, foram destinadas mais especialmente para as Reduções do Guairá.

O Regulamento de 1689 é um documento legislativo, provindo dos Jesuítas, destinado a normatizar a ordem interna dos Povos, sob sua jurisdição, inclusive no território hoje brasileiro.

"Ordens para todas as Reduções, aprovadas por Padre Geral:

1 — Ainda que seja dia de confissão ou reconciliações, não se abrirá a porta da Igreja até que, com a luz do dia, se possa conhecer as pessoas. E as chaves da Igreja e portaria, todo o tempo que estiverem fechadas as portas, hão de estar no aposento do Padre que cuida da Doutrina: ao qual toca vistoriar todas as noites as referidas portas. E disponha-se de tal maneira que da, Igreja ou da rua, não se veja nossos aposentos, nem as oficinas, pondo se for necessário um tapume que impeça a visão.

2 — A cerca da casa e horta terá pelo menos três varas de altura. (uma vara de Castela = 0,8359 m).

3 — Nunca se fale a mulher alguma, sem que seja diante de algum dos nossos, ou de índios de confiança.

4 — Nenhum sairá de noite sem lanterna acessa e acompanhado de algum enfermeiro e de dois índios de confiança. E de dia, levarão o mesmo acompanhamento. E aos índios, ensine-lhes que estejam sempre sob a vista do Padre; e se o rancho estiver escuro, se acenderá a lamparina, que para essa eventualidade, se levará sempre preparada.

5 — Cada 15 dias, se não houver prática, se fará uma palestra ou lição de algum livro adequado, como o do P. Alonso Rodrigues, etc. E na semana que não houver esta

prática ou palestra, se lerá algo do Instituto, ou das Ordens, etc. As palestras de casos serão em cada oito dias ou, em seu lugar, se lerá algum livro de Moral que o Superior indicar, para qual se chamará pelo sino.

6 — Não se permitem presentes, etc., nem que os Padres tenham cavalos, nem selas, nem mulas como coisa própria, nem que as levem consigo quando se mudam.

7 — Quando for necessária a ausência do Cura, se deixará ao Companheiro a chave de seu aposento e das oficinas. E se o fizer, o Companheiro deixará a chave de seu aposento. E ninguém inove no que deixarei estabelecido, tanto no espiritual como no temporal, da Doutrina, especialmente em matéria de estância, chácara ou horta, nem introduzirá usos novos, nem fará obra alguma sem licença do Superior, fora dos reparos necessários, como retelhar, etc.

8 — Os Padres que cuidam da Doutrina têm permissão para contratos, que não excedam o valor de 20 arrobas de erva e para dar a outras Doutrinas, aquilo que não exceder ao valor de seis pesos. O qual não deve ser tantas vezes, nem dos gêneros que cause dano considerável na Doutrina, nem que dê para ser notado pelos índios.

9 — O Padre Superior terá quatro Consultores no Paraná e outros quatro, o Padre Vice-Superior no Uruguai e também um Admonitor cada um dos Superiores. E quando a estes lhes for escrito alguma coisa tocante ao seu ofício, se colocará ao pé do envelope ou bilhete um "A" maiúsculo: e o Superior ou Vice-Superior não as poderão ler.

10 — Para os casos urgentes de guerra, haverá quatro Superintendentes, indicados pelo Padre Provincial: um no Uruguai para cima, outro no mesmo rio, para baixo; outro na margem do Uruguai; e outro pelo Paraná acima. E cada um deles terá dois Consultores para as coisas de guerra.

11 — Não se despachará balsa ou canoa sem licença do Superior; e os Padres que cuidam das Doutrinas de Itapuá e Yapeyu fiscalizarão todas as balsas e canoas; e se acharem cartas encobertas que não estejam seladas com o visto do Padre Superior, as embargarão e remeterão ao Superior. E as cartas que aos Padres se remeterem abertas, as registrarão e, não havendo inconvenientes, as deixarão passar.

12 — Tanto o Cura como o Companheiro têm licença de ir de uma Doutrina e outra e poderão dormir uma noite nela. Mas nunca se deixará a Doutrina sem Padre que possa atender aos sacramentos.

13 — Não se convide Padre de outra Doutrina, sem obter primeiro licença do Superior.

14 — Ao celebrar festas, as Doutrinas de Loreto, Corpus, San Ignácio, se corresponderão entre si e com as outras. As de Santa Ana, Candelária e Itapuá,

se corresponderão entre si e não com as outras. As de San Javier, Os Mártires e Santa Maria, se comunicarão entre si e não com as outras. Los Apósteles se corresponderá com a Concepción e não com outras. S. Nicolas, San Luiz e San Miguel se corresponderão entre si e não com outras. Da mesma forma Santo Tomé e San Borja se corresponderão entre si e não com outras; o mesmo entre La Cruz e Yapeyu.

15 — Não se convidem para as festas os acólitos nem os músicos de outras Doutrinas, senão somente duas ou três vozes boas, se a Doutrina em que se celebre a festa careça delas. Os Corregedores e gente principal das Doutrinas que se correspondem se poderá convidar; porém não se permita que algum deles de assente no presbitério, nem em cadeira, a menos que se dê destaque. Nem ao Alferes: ao qual se poderá dar cadeira fora do presbitério. Nem se permita representações, nem comédias, em especial à noite, fora de casa, onde estejam índias. Tampouco se permitirá que de cada Doutrina leve o Padre mais que três índios que o acompanhem. E nem estas ocasiões ou outras, durmam os índios grandes com os pequenos, nem que entrem ocultamente em nossos aposentos; com o que se evitarão pequenos furtos, etc. Nossa comida, nesta e em outras festas, não excederá o que se apresenta nos dias de Páscoa em nossos refeitórios.

16 — Na administração dos Sacramentos, se observará o Ritual romano, como manda a 9ª Congregação Geral, decreto 19 cânon 22.

17 — Ninguém case uma pessoa de outra Doutrina sem ter testemunho *in scriptis* do Cura da outra.

18 — Os batizados de algum índio ou índia se fará o batismo *sub conditione.*

E tenha sempre em cada povo dois ou três velhos escolhidos para que somente eles sejam padrinhos nos batismos.

19 — Na Quaresma, se trocarão os Padres das Doutrinas, para que os paroquianos possam se confessar com mais liberdade.

20 — Os casamentos dos índios, comumente falando, não se farão até que os rapazes tenham 17 anos e as moças 15, se não houver coisa que obrigue a antecipar o casamento, a juízo do Superior.

21 — Haja, à parte, cemitério cercado e fechado, para que se conserve a igreja com a devida decência.

22 — Os cantores em nenhuma Doutrina passarão de quarenta; e procure-se diminuir este número, especialmente nos povos pequenos. Os sacristãos não passarão de seis, de dez a quinze anos e sejam virtuosos. E para as festas bastam somente seis e não mais.

23 — Também serão seis e não mais os rapazes que servem na casa. Os quais terão separado seu dormitório e fora dele nenhum dormirá. Terá cada um sua própria cama e terão todas as noites vela acesa que possa durar até a manhã. E os visitem algumas vezes depois de deitados, sem ter dia nem hora fixa, para que não se acostumem. E procurem que sempre tenham o que fazer, como também aos empregados da casa; e não se tenha entre eles índio que não seja de bons costumes.

24 — Os que estão em estâncias e chácaras, ainda que distantes, virão assistir à missa na sua Doutrina, ou na que ficar mais próxima; dividindo-se o pessoal, de maneira que um dia vá uns e noutro dia os outros.

25 — Não se obrigue a trabalhar os índios, ainda que sejam de pouca idade, nos dias que são feriados para os espanhóis.

26 — As danças em nenhuma festa passarão de quatro; e não entrarão nelas as mulheres, nem moças, nem rapazes em trajes de mulheres.

27 — Os doentes que estiverem em perigo deverão ser visitados todos os dias por algum Padre. E na casa, todos os dias se fará uma boa sopa para repartir com os enfermos com um bom pedaço de pão.

28 — Não se façam presentes a pessoas de fora, como parentes, amigos, etc., dos gêneros que adquirem ou fazem os índios para si ou para o comum de seus povos. E nem o Superior, nem o Provincial permitirão semelhantes dádivas, que podem ocasionar murmurações ou descrédito de nossas Doutrinas.

29 — Os enterros dos índios se façam com solenidade, velando pelo defunto em sua casa, ou em algum lugar da praça adequado para isto, pondo quatro velas acesas ao redor do féretro e de nenhuma maneira se traga à porta da igreja, senão em caso de necessidade, etc.

30 — Aos Caciques principais não se castigue ou chame a atenção em público: aos quais se procure demonstrar estima, honrando-os com cargos, e os vestindo com alguma singularidade a mais dos seus vassalos. E aos Corregedores e Alcaides, não se poderá castigar sem licença do Superior. Aos quais, sem sua ordem, não poderá tirar de seus cargos: *praecipue* quando estão confirmados pelos Governadores.

31 — Tenham cada Redução um livro onde se escrevam as Ordens gerais e particulares; e outro, onde se anotem os bens da sacristia e da casa; e outro, na igreja, onde assentem os batismos, casamentos e relação dos defuntos.

32 — A visita dos Bispos e Visitadores, no tocante aos sacramentos, paróquia, confrarias e coisas tocantes ao ofício de Curas nada lhes podem tirar, por ser de

direito. Porém, se quiserem visitar-nos *de vita et moribus*, não se há de permitir, senão estorvá-los com todos meios possíveis em virtude de nossos privilégios e Cédula de S. M. Porém, se persistirem em publicar auto com tais circunstâncias, *de moribus et vita* se aconselhará a nossos índios que de nenhuma maneira permitam que passem adiante na visita de nossas Doutrinas.

33 — Acerca do pagamento dos índios, se observe o seguinte: pela igreja, por suntuosa que seja, não se deve pagar, porque se deve fazer a sua custa e não do Cura. Tampouco se deve da casa do sacerdote; por geral costume das Índias por ordem Real e assim não se pagará. Como tampouco das viagens que fazem os índios em benefícios da Redução, porque tudo manda o Padre, fazendo as vezes de Corregedor e Justiça, que assim o faz, para o bem comum. Ainda que para maior edificação, é justo que em tais obras lhes dê algo, para que fiquem contentes; e procurem os Padres não acostumá-los a receberem adiantado, nem fazê-los tão interessados que não façam sem pagamento; porque é bom criá-los mais politicamente, pois tudo o que temos e trabalhamos é para eles.

34 — Cada sacerdote rezará uma missa, cada mês pelo Rei Nosso Senhor, como tão grande benfeitor de nossas Reduções.

35 — Não se peça esmola aos índios, quando vão levar erva, ou trabalhar para obra pública, ainda que seja para a Igreja, sem licença do Superior, com quem se comunicará ... o cura o que há de fazer. Nem tampouco se pedirá coisa a pessoa de fora, nem a Procuradores e Reitores dos colégios; nem se insinue que há necessidade, sem expressa licença do Superior e com sua assinatura.

36 — Os exercícios espirituais tenham o primeiro lugar e se antecedam a qualquer outra ocupação temporal. E para que a lição espiritual e o rosário tenham seu lugar, não se abra a porta depois do meio-dia até as duas horas. E para que haja acordo na distribuição, o que cuida da Doutrina tocará ao levantar e ao deitar, e o Companheiro ao entrar e sair da oração. E os Exercícios anuais se façam da Ressurreição a setembro, por parecer este tempo mais adequado. Os Exercícios se farão na própria Doutrina, ou com licença do Superior, onde melhor parecer.

37 — Cuide-se muito da clausura em nossas casas, de sorte que não se deixe de ver que são da Companhia e não entre mulher alguma porta adentro, nem se dê a mão para a beijarem; nem castiguem ninguém pela própria mão, nem assista ocularmente a castigo de mulher, nem no lugar onde se pratica o castigo, pela indecência; fazendo-se venerar e respeitar como diz a regra *omnis se integritatis et gravitatis exemplum praebeat.*

38 — Haja especial vigilância em que os Congregantes de Nossa Senhora e Cantores, que mais próximo servem ao altar, vivam virtuosa e honestamente. E se

praticarem escândalo e forem castigados e corrigidos algumas vezes, não se emendarem, os expulsarão da Congregação ou da Música, sem que possam voltar a ela sem ordem do Superior, que com reconhecida emenda poderá conceder; e se acontecer que algum índio Mestre for a alguma Redução nova, indicado pelo Superior, e der mau exemplo, será devolvido a seu povo (sem demora) pelo Padre que cuida a Redução.

39 — Se algum índio der grande escândalo em outra Redução, o Padre Cura, com o parecer de seu Companheiro, o pode castigar conforme o delito, para reparar o escândalo. Porém não se imponha castigo grave, sem entendimento com o Companheiro e não havendo entendimento se recorrerá ao Superior.

40 — Não haja mais varas de Justiça, do que aquelas que têm os *Cabildos* espanhóis; e não sejam jovens os eleitos e muito menos os fiscais das mulheres.

41 — Às crianças das Doutrinas se dê com facilidade licença para irem com seus pais às chácaras, em tempo de carpição e de colheita de milho. E quando chegarem à idade de 16 anos e souberem a Doutrina, não as obrigará que compareçam a ela, a não ser nos sábados e domingos. Porém, se não a sabem, as obrigará a que compareçam todos os dias.

42 — Poderá haver quatro feriados no ano, de três em três meses. No qual podem os Padres das Doutrinas próximas escolher um local no caminho, ou próximo de alguma delas; prevenindo sempre qualquer perigo que possa haver.

43 — Algumas diferenças deverá haver entre os Padres por causa dos índios que habitam em outra Redução, deixando a sua. E assim, para que haja toda conformidade, se observe o seguinte: se o marido vive em uma parte e a mulher em outra (porque separados), a mulher deve ir onde o marido tem sua própria habitação, e os filhos que, todavia, estejam debaixo de tutela de seus pais, hão de ir com eles; e assim aquele lugar é o seu domicílio. Mas aos gentílicos, se lhes deixará ir à Redução que gostarem, ainda que os tragam os Padres. Aos índios assentados numa Redução, tendo um ano de habitação nela, se procurem conservar ali. E quando se vão para outras Reduções, cooperem aos Padres para que voltem.

44 — Se às nossas Reduções vierem índios ou índias de outras, ou de povos dos espanhóis, os persuada que voltem a suas terras. E em caso que fique algum ou alguma, nossos Padres deverão mostrar gosto que o levem seus Doutrineiros ou encomendeiros.

45 — Ninguém escreve ao Rei ou Conselho contra Bispos ou Governadores, nem contra alguma outra pessoa, sem enviar as cartas pelo Provincial.

46 — Nas Reduções novas, onde não há cristãos, ou há poucos, não haja castigo de nenhum gênero. E tolerem com paciência, para não parecer odiosa a fé a estes

infiéis. E nas Reduções antigas, se estão em província de infiéis, onde se espera sua conversão, não haja castigos sem aprovação do Superior das Reduções. E procurem os Nossos, quando puderem, ganhar nome de pais amorosos, temperando a justiça com a misericórdia nos castigos ordinários.

47 — Os Padres Companheiros estão e devem estar na obediência daqueles que são Curas das Doutrinas e têm obrigação de obedecê-los, sem haver neste sentido igualdade, porém os Curas não darão ordens com preceito incontestável. Mas se o Companheiro disser ao Cura: "não quero", estará formado um caso lícito, porque o N. P. Geral dá aos Curas as mesmas atribuições que os Ministros neste particular.

48 — O beneficiamento da erva se concluirá por todo o mês de abril, em virtude dos danos que ocasiona o frio nos índios.

49 — Utilize-se o Catecismo Limense aprovado pelo Sínodo do Paraguai.

50 — Não irão os índios fazer comércio com os infiéis sem expressa licença do P. Superior.

51 — O preço dos cavalos que se comprarem dos infiéis é de um peso por cabeça, contados depois de invernados.

52 — O preço dos produtos será: milho, três pesos por fanega (5,5 litros em Castela — 100 quilos em Portugal) e todo gênero de cumandás, a quatro pesos. De trigo se poderia socorrer *ad invicem*, dando vinte fanegas de presente. E se a necessidade for maior, se acertará o pagamento, a juízo do Superior.

53 — Os castigos dos índios se ponham do seguinte modo: por crime nefando e bestial, sendo bem comprovado o delito, três meses de cadeia, sem sair, a não ser para ir à missa; nos referidos três meses, lhes será aplicado quatro voltas de açoite até vinte e cinco de cada vez e estará todo este tempo com grilhões. Aquele que der ervas e pós venenosos, se o paciente vier a morrer, será posto em cadeia perpétua, como aqueles que cometerem homicídios. Porém, se não morrerem, levará a pena acima descrita. Nos demais delitos de incesto, tanto de consangüinidade como de enteados com madrastas e sogras, etc., e aborto provocado, serão presos por tempo de dois meses, com grilhões, e neste período lhes darão três voltas de açoite e nunca se passará deste número. Aqueles que incorrerem nestes delitos, serão privados totalmente de seus cargos. E para as mulheres, será dado castigo adequado ao seu sexo, excetuando as grávidas, que em nenhum caso serão castigadas neste estado. E nunca lhes será cortado o cabelo, sem primeiro tenha havido licença do P. Superior.

54 — Aos tecedores, sejam pagos pelo seu trabalho, na proporção de quatro varas de pano por peça que tenham feito com 150 varas.

55 — Aos índios que trabalham em outros povos, ou vão fazer retábulos ou outros trabalhos semelhantes, somente seja obrigado, o povo que pediu tal oficial, a

sustentá-lo com sua família, que deverá acompanhá-lo. Porém, se tal oficial fizer tanta falta em seu povo, que por sua ausência houver sensível prejuízo, poderá o P. Superior estipular determinada recompensa que o povo beneficiado pagará ao povo de origem do oficial, segundo for a maior ou menor vantagem que perder seu povo, por sua ausência.

56 — Todos os sábados pela manhã haverá Doutrina, no domingo haverá sermão, para que, pelo menos uma vez a cada oito dias, todo o povo assista.

57 — Não se permita que nossos índios tenham em sua casa armas de fogo, nem que usem delas como se fossem suas. E se algum tiver alguma, recolha-se e ponha-se na armaria do povo. E quando viaja, não as levem sem licença do Padre que cuida da Doutrina ou do Superior.

58 — A renovação do Senhor (hóstia) se fará em tempo de inverno a cada quinze dias; e no verão, a cada oito dias. E aos enfermos se levará em público, duas vezes ao mês, se houver ocasião para fazê-lo.